Alexandre BÉRARD

LES INVASIONS

de 1814 et de 1815

dans le Département de l'Ain

———•o•———

Réédité à l'occasion de l'Inauguration du Monument
du Centenaire des Balmettes

⊕ PRIX : **50** CENTIMES ⊕

BOURG
IMPRIMERIE DU « COURRIER DE L'AIN »
—
1914

Alexandre BÉRARD

LES INVASIONS

de 1814 et de 1815

dans le Département de l'Ain

—·o·—

Réédité à l'occasion de l'Inauguration du Monument
du Centenaire des Balmettes

PRIX : **50** CENTIMES

BOURG
IMPRIMERIE DU « COURRIER DE L'AIN »

—

1914

PRÉFACE

Aux bords de la gracieuse rivière de l'Albarine, qui circule en méandres aux sonorités cristallines à travers les gorges du Bas-Bugey, au défilé des Balmettes, nous avons voulu, nous, les citoyens des cantons d'Ambérieu-en-Bugey et de Saint-Rambert-en-Bugey, élever un monument à la mémoire de nos aïeux qui, là, il y a cent ans, se battirent héroïquement pour défendre le sol sacré de la patrie.

Nous avons tous participé à l'œuvre, sans distinction de partis, en notre profond et commun amour de la France et de la République; nous y avons participé parce que nous avons culte filial pour notre beau département de l'Ain, dont nous voulons conserver précieusement les glorieux souvenirs.

C'est parce que les trente-quatre autres cantons de notre département ont le pareil amour de la France, de la République et de l'Ain, que tous se sont unis à nous pour cette œuvre patriotique, en un élan spontané, fraternel et unanime qui nous a profondément touchés et dont nous les remercions de tout cœur.

En juillet prochain, ce sera l'Ain tout entier qui, groupé au pied du monument des Balmettes, apportera pieusement des fleurs devant la pierre et le bronze qui synthétiseront la mémoire des héros : pierre et bronze s'élèveront pour attester une fois de plus, à travers les âges, la solidarité reconnaissante de la démocratie pour ceux qui ont lutté pour la patrie, son indépendance, sa liberté, pour attester, de générations en générations, l'unité de la patrie immortelle !

A. B.

8 Février 1914.

Je me permets de remercier ici tous ceux qui ont été les collaborateurs de l'œuvre : leur modestie m'interdit de les nommer : mais c'est du fond du cœur que je les remercie de leur zèle inlassable.

LES INVASIONS DE 1814 ET DE 1815

Dans le Département de l'Ain

———————×◦×———————

CHAPITRE PREMIER

*Les désastres de 1813. — La France impériale et
la France républicaine. — 1792 et 1814*

L'armée française avait, dans un superbe élan, enlevé le plateau de la Moskowa; le génie militaire de
Napoléon Ier, dans une campagne aussi mémorable
que celle de Charles XII, avait conduit encore une
fois, au milieu des steppes dénudés, les aigles à la
victoire; la France avait toujours au cœur même
vaillance; mais, entraînée sur tous les champs de bataille de l'Europe depuis vingt ans par l'orgueil et
la folle ambition de celui que, dans un moment de
sot enthousiasme, elle s'était donné pour maître, de
celui entre les mains duquel elle avait abdiqué sa liberté et sa volonté, la France épuisée par mille blessures, ruinée par la guerre, ayant vu tomber tous ses
enfants au soir même de cent victoires, n'allait plus
pouvoir défendre son propre territoire, sa frontière
du Rhin et sa frontière des Alpes contre l'Europe
coalisée.

Aussi depuis l'incendie de Moscou ne fût-ce, malgré l'intrépidité de Ney « à l'âme trempée d'acier »
selon le mot de Napoléon Ier, malgré l'héroïsme de
l'armée tout entière, à travers les glaces de la Béré-
zina, les marais de la Lithuanie, les plaines de la

Saxe et de la Silésie, qu'une longue déroute jusqu'aux Vosges, interrompue seulement par la sanglante bataille de Leipzick, la *Bataille des Nations*.

Sous les pas de ses soldats, tous les peuples que Napoléon, méconnaissant les grands principes de la Révolution et des armées de la République, avait soumis à son joug de fer au lieu de les affranchir, tous les peuples, qu'il avait enrôlés sous ses drapeaux, après avoir démembré leurs provinces, et conduits avec lui contre l'empire du tzar, tous se soulevaient, Prussiens, Saxons, Autrichiens, tous tournant leurs armes contre lui, tous s'unissant contre César au nom de leur liberté nationale !

Du jour où, sur les rives de l'Elbe, en plein combat, le troisième jour d'une lutte que 190.000 Français soutenaient contre 333.000 ennemis, les Saxons et la cavalerie wurtembergeoise avaient, sur le champ de bataille même, trahi notre drapeau et tourné leurs épées contre nous, c'en était fait de toutes nos alliances ; c'en était fait de notre cause: la France était vaincue puisque les plus lâches eux-mêmes n'hésitaient pas à trahir le drapeau tricolore ?

C'est en vain que, à Hanau, culbutant 60.000 Austro-Bavarois qui barrent le chemin du Rhin, Napoléon gagne une dernière et éclatante victoire, c'est en vain que du Tailly à Torgau, Lapoype à Vittenberg, Lemarois à Magdebourg, Grandeau à Stettin, Ravier à Damm, Fornier d'Albe à Custrin, Laplane à Glogau défendent héroïquement nos forteresses contre les coalisés, il faut se replier sur le grand fleuve qui sépare la Gaule de la Germanie, il faut réduire nos efforts à protéger contre l'invasion le vieux sol français.

Et pendant que, au Nord, la grande armée reculait sur le Rhin devant la poussée formidable des Allemands et des Russes, l'Espagne soulevée, nous chassait, avec l'aide de Wellington, de la péninsule et, quelques jours après, l'armée hispano-britannique franchissait la Bidassoa.

Toute l'Europe était à nouveau liguée contre la France comme en 1792 ; mais, en 1792, c'étaient les rois qui faisaient la guerre à la liberté et nos soldats remplis de l'héroïque enthousiasme de 1789 allaient ébranler les trônes et affranchir les peuples, tandis que, en 1814, c'étaient les peuples eux-mêmes qui, voulant secouer le joug de César et reconquérir leur indépendance, faisaient la guerre à la France en la faisant à Napoléon ; en 1792, c'était l'aurore de la liberté, le vieux peuple franc se réveillant de sa léthargie féodale, monarchique et sacerdotale, ayant foi dans cet Evangile moderne qui a nom les *Droits de l'Homme*, dans un élan irrésistible, dans l'élan de la jeunesse renversait au chant de la *Marseillaise* et au son du canon de Valmy et de Jemmapes, les bataillons de Brunswick et les armées impériales ; en 1814, la France épuisée par le despotisme, ruinée par des guerres de folle conquête, n'ayant plus la foi comme elle n'avait plus la liberté, avec des soldats de dix-sept ans, ne pouvait plus résister à la formidable invasion.

Nous qui, depuis vingt ans, avions successivement jeté nos bataillons sur l'Italie, sur l'Autriche, sur l'Espagne, sur l'Allemagne, sur la Prusse, sur la Russie, nous qui avions promené les aigles impériales de Cadix à Moscou, de Naples à Dantzig, nous qui avions porté l'invasion partout, nous allions sentir la barbarie de la conquête et ses douleurs, nous allions voir nos pénates souillées, nos terres ravagées, nos maisons pillées, nos femmes et nos filles profanées et violées !

Nous qui avions imposé des rois à l'Espagne, à
Naples, à Milan, à la Westphalie, nous allions voir
les Cosaques et les uhlans tirer de leurs fourgons les
pires ennemis de la patrie et de la liberté, les Bourbons, pour les faire remonter sur le trône, d'où les
avait chassés la volonté populaire, pour leur donner,
à eux les traîtres de Coblentz, le pouvoir sur la nation d'Arcole et de Rivoli !

Grâce à la folie de Napoléon, nous allions payer
cher son orgueil, son ambition, ses conquêtes éphé-
mères : nous avions souffert de son despotisme, nous
allions souffrir plus encore pour le racheter : lui, César, il avait eu la gloire d'Austerlitz, de Wagram et
d'Iéna, c'est nous qui allions pleurer au lendemain
de Leipzick et de Waterloo ! C'était aux siens qu'il
avait donné des trônes à Munster, à Madrid et à Naples, c'était nous qui allions subir le despotisme
odieux des Bourbons !

Est-ce donc là la justice de l'histoire ?

Hélas ! ne l'oublions pas, ce châtiment nous l'avions
mérité, puisque nous avions abdiqué entre ses mains
ce qui fait la grandeur, la personnalité des peuples
comme des individus, notre libre arbitre, la liberté.
C'est la justice immanente qui châtie les hommes et
les peuples qui méconnaissent et méprisent le sublime
apanage placé à côté de la lumineuse raison, la liberté ; elle punit ceux qui ont eux-mêmes tendu les
mains aux chaînes de l'esclavage !

Nous qui avions la victoire quand nous conqué-
rions la liberté et quand nous combattions pour elle ;
nous avons perdu les frontières du Rhin et des Alpes, le jour où nous sommes volontairement retombés
dans la servitude.

La France républicaine et libre s'étendait du Rhin
aux Pyrénées, c'était la Gaule antique ; la France im-

périale s'est étendue un jour jusqu'aux bouches de
l'Elbe et jusqu'aux bouches du Tibre, mais pour nous
laisser le lendemain aux anciennes frontières de la
France monarchique et pour rendre la couronne au
frère de Louis XVI!

Et, comme suprême douleur, en ces jours de deuil
et de désastre, on put voir d'anciens Français, des
renégats, les émigrés indiquer à l'étranger la route
de la patrie, servir de guides aux généraux prussiens
et autrichiens dans les plaines de la Champagne et
dans les défilés soit du Jura, soit des Vosges.

Heureusement pour lui, l'ancien général de la République, le vainqueur de Rastadt et d'Ettlingen, le
savant stratégiste du val d'Enfer, Moreau, n'avait pu
consommer sa trahison, son forfait jusqu'au bout et
suivre le tzar jusque sur les bords du Rhin : à
Dresde, un boulet providentiel l'avait frappé mortel-
lement au moment où il indiquait à Alexandre Ier
une manœuvre à faire! Mais les autres renégats n'é-
taient que plus acharnés contre la patrie : tous ces
nobles qui avaient fui la terre de la Révolution pour
aller s'enrôler sous les drapeaux du roi de Prusse et
de l'empereur d'Autriche allaient revenir pour essayer
de relever la féodalité sur les ruines de la France.

Et, à l'intérieur, n'allaient-ils même pas trouver de
fidèles alliés? Ces royalistes qui, après avoir fait la
guerre de Vendée, n'avaient cessé de conspirer contre la patrie, organisant même le brigandage, armant
les bandes des compagnons de Jéhu et des compagnons du Soleil, pillant, volant, incendiant, égor-
geant, ces royalistes, sous la protection des envahisseurs, ils allaient dans leur rage sanguinaire, com-
mencer une terreur horrible, dont les incendies et
les fusillades de la Commune devant les bivouacs

prussiens en 1870 peuvent à peine reproduire l'image effacée.

Et même, à côté de ces royalistes, de ces ennemis intraitables, chez qui la haine folle de la Révolution et de l'Empereur avait obscurci et effacé toute idée de patriotisme, il y avait toute une bourgeoisie harassée, épuisée, qui accusait hautement l'ambition de Napoléon de tous les malheurs de la nation : elle l'accusait d'avoir, dans les huit dernières années, répandu sur tous les grands chemins de l'Europe le sang de deux millions de soldats et semé à pleines mains, dans un gaspillage effréné, huit milliards enlevés aux contribuables et au trésor français. « Les « gens qui n'avaient vu dans la Révolution que la « conquête d'institutions libres, les débris des Gi- « rondins, les vaincus du 18 fructidor et du 13 ven- « démiaire, la génération nouvelle qui souffrait de « la dictature sans comprendre les causes qui l'avaient « amenée, enfin les mères de familles, les commer- « çants ruinés, les nombreuses victimes du régime « impérial, tous ne voulaient plus de Napoléon, et « étaient prêts à sacrifier le représentant de l'indé- « pendance nationale pour un peu de paix et de li- « berté. » (1)

A force de fouler aux pieds, à l'extérieur, l'idée de patrie, de jouer avec l'indépendance des nations et la liberté des peuples, Napoléon était arrivé à détruire l'idée de la patrie dans cette nation française qui, vingt ans auparavant, avait, à cette seule idée, fait tant de grandes choses ; il avait, dans tous les cas, perdu le droit — si ce droit n'est pas imprescriptible et sacré ! — de parler de l'indépendance nationale aux

---

(1) Th. Lavallée. *Histoire des Français*, T. IV, p. 564 (édit. Charpentier, 1877).

Allemands, à tous les peuples dont il avait démembré les provinces : en 1806, il eût laissé Magdebourg à la reine Louise pour la rose de son corsage, les Prussiens allaient à leur tour lui montrer qu'ils ne prisaient pas à plus haut prix les villes de la Sambre et les départements de la Belgique.

Le despotisme aura porté ses fruits : la peur, la lâcheté, la trahison seront partout en ces lugubres années de 1814 et de 1815 : nul ne pourra reconnaître dans ce peuple qui arborera si facilement — du moins dans la bourgeoisie — la cocarde blanche, celui qui détruisit la Bastille et lutta, sous la direction de Carnot, contre les quatorze armées de l'Europe coalisée. Néanmoins, il y aura dans les classes populaires des dévouements et un héroïsme qui démontreront que l'âme de la France n'était pas morte et qu'un jour elle aurait son réveil au soleil de la liberté.

Situé sur la frontière, exposé aux premiers coups de l'invasion, le département de l'Ain allait devenir le théâtre des exploits des coalisés et des royalistes. Plus heureux encore que d'autres, il n'allait pas être cependant arraché à la patrie française.

CHAPITRE II

*L'invasion du territoire. — Les Autrichiens à Gex.
— Reddition du fort de l'Ecluse. — Soulèvement
des Gardes Nationales de l'Ain. — Les gendarmes de Nantua. — Combat du Pont de Juqnon.
— Bubna à Bourg. — Augereau reprend l'offensive. — Combat de Meximieux. — Reprise du
Fort de l'Ecluse. — Combat des Balmettes.*

En rentrant à Paris, Napoléon avait prononcé le
vrai mot de la situation : « Il y a un an, disait-il au
Sénat, « toute l'Europe marchait avec nous ; aujour-
« d'hui toute l'Europe marche contre nous. »

Et il ajoutait :

« Nous aurions tout à redouter sans l'énergie et
« la puissance de la nation. »

Hélas ! cette énergie et cette puissance, il avait pris
soin lui-même de les épuiser et de les détruire tant
par son despotisme que par ses folles campagnes : son
merveilleux génie militaire n'allait plus suffire pour
sauver la patrie de tous les périls qui la menaçaient
au nord et au midi, aux Pyrénées et aux Alpes.

Il ne lui restait plus que 60.000 hommes à opposer
aux 500.000 que mettait en ligne l'envahisseur.

Pendant que 160.000 Anglo-Espagnols, sous le
commandement de Wellington, forçaient la ligne py-
rénéenne et que 80.000 Suédois, Russes et Prussiens,
sous la direction d'un traître, Bernadotte, qui était
monté sur le trône de Gustave Wasa, menaçaient la
Belgique, l'armée de Silésie, sous Blücher, après
avoir franchi le Rhin entre Spire et Coblentz, se jetait
dans la vallée de la Moselle et de la Meuse, et l'armée

de Bohême, sous Schwartzenberg, violant la neutralité de la Suisse, pénétrait par le Jura sur le sol national.

Ces deux armées fortes de 360,000 hommes environ devaient faire leur jonction sur le plateau de Langres.

C'était donc l'armée de Schwartzenberg qui devait envahir le département de l'Ain.

Elle franchit le Rhin à Schaffouse le 21 décembre 1813 et se divisa en six colonnes. Une d'elles commandée par un lieutenant du maréchal autrichien, le général Bubna, occupa successivement Bâle, Soleure, Berne, Fribourg et marcha ensuite sur Lausanne et Genève. C'est elle qui, sans rencontrer nulle résistance, franchit notre frontière.

Le 29 décembre 1813, soixante-dix — cavaliers et fantassins — Autrichiens entrèrent dans Gex. Le lendemain, les quinze cents Français, qui occupaient Genève, durent évacuer la ville devant les 12.000 Autrichiens, qui menaçaient de les cerner.

En entrant dans Gex, les premiers envahisseurs se portèrent à l'Hôtel de Ville. La municipalité une fois rassemblée, ils exigèrent des vivres, mais déclarèrent ne pas vouloir loger chez les particuliers. « Ils établirent différents corps de garde, placèrent des vedettes sur toutes les routes, et empêchèrent soigneusement que personne ne sortît de la ville » (1)

C'était, nous l'avons dit, le plateau de Langres qui était l'objectif de Schwartzenberg et de ses lieutenants : aussi les Autrichiens campés à Gex s'empressèrent-ils, dès le lendemain, de prendre la route de St-Claude. Mais, le 31 décembre, ils furent remplacés

(1) J. Brossard, *Histoire politique et religieuse du pays de Gex*, p. 497.

par deux corps de cavalerie et d'infanterie qui, après avoir séjourné une nuit, se dirigèrent, l'un sur Morez, l'autre sur St-Claude. « La ville fut fatiguée de « ces nombreux passages, mais on n'eut à déplorer « aucun excès ». (1)

Après les désastres de 1813, Napoléon avait fait porter tous ses efforts dans les plaines de la Champagne pour défendre Paris. On pouvait douter que les étrangers, foulant aux pieds les droits d'un peuple, avec lequel ils n'étaient point en état de guerre, violeraient la neutralité helvétique et, par un rapide mouvement tournant, chercheraient à surprendre notre armée en descendant dans la vallée de la Seine par les plateaux de la Franche-Comté et de la Bourgogne.

Aussi, dans notre région, n'étions-nous guère prêts à repousser l'invasion, et, cependant, bien que surpris, les habitants de l'Ain opposèrent une vive résistance aux lieutenants de Schwartzenberg. Le courage de nos compatriotes en ces deux lugubres années 1814 et 1815 fut hautement apprécié par les juges les plus compétents, par les témoins les plus sûrs. Le vicomte de Garbé que nous retrouverons tout à l'heure défendant bravement le fort de Pierre-Châtel contre les envahisseurs, écrit dans une fort intéressante brochure sur les événements de 1814 :

« A l'approche de l'armée ennemie, l'esprit public « se manifesta dans toute la contrée (Bresse et le « Bugey) avec une remarquable énergie. Les gardes « nationales se disposèrent à la résistance, les pay- « sans les secondèrent partout... Je pouvais compter « sur le concours des habitants du pays. Malgré les

---

(1) J. Brossard, *Histoire politique et religieuse du pays de Gex*, p. 497.

« menées de personnes influentes qui désiraient la
« chute du gouvernement de Napoléon, et dont l'ac-
« tivité s'accroissait de jour en jour à mesure qu'il la
« voyait arriver, l'immense majorité de la population
« était prête à nous prêter un appui énergique. Si je
« n'y fis pas plus souvent appel, ce fut pour ne pas
« compromettre inutilement de braves gens, pendant
« que les événements se décidaient ailleurs contre
« nous... Dans une guerre d'invasion, le gouverne-
« ment trouvera toujours dans les habitants du Bu-
« gey et de tout le département de l'Ain, des hom-
« mes courageux, patriotes, décidés à défendre
« énergiquement leur pays, et sur le concours des-
« quels les opérations militaires pourront utilement
« s'appuyer. » (1)

Le 3 janvier 1814, Bubna envoya deux reconnais-
sances : l'une s'empara de Saint-Claude sans coup
férir, l'autre vint mettre le siège devant le fort de
l'Ecluse.

L'officier qui le commandait, Lecamus de Coëtenfoë,
se montra indigne du poste d'honneur qu'il occupait
et, après un vain simulacre de défense, après une
odieuse comédie, trahissant son devoir et son drapeau, il livra sans résistance le fort à l'ennemi.

Aux sommations des Autrichiens, Lecamus de
Coëtenfoë se contenta de répondre qu'il ne pouvait
rendre la forteresse à un corps d'armée dépourvu
d'artillerie. Les Autrichiens firent alors avancer deux
pièces et un obusier, tirèrent quelques coups ; un
seul obus tomba dans l'enceinte du fort. Cela suffit
au courage de Lecamus de Coëtenfoë, qui s'empressa
d'ouvrir les portes, d'abaisser le pont-levis et de li-

(1) Vicomte Garbé, *Défense du fort de Pierre Châtel en
1814 et 1815*, p. 28, 29, 30, 31.

vrer prisonnière toute la garnison qu'il commandait. (1)

Maîtres du fort de l'Ecluse, les ennemis poussèrent
une reconnaissance jusqu'à Seyssel et Nantua ; mais,
dans cette dernière ville, ils se heurtèrent à la gendarmerie, la seule force armée qui l'occupât, et qui,
malgré son petit nombre, n'hésita pas à engager un
combat avec les troupes autrichiennes.

Le courage de nos gendarmes ne pouvait arrêter
les masses ennemies. Par Gex, elles envahirent successivement tout le département du Jura et pénétrèrent dans la Bresse en poussant jusqu'à Bourg et à
Châlon-sur-Saône.

Au sud du département restait le fort de Pierre-
Châtel, ancien monastère, devenu prison d'Etat. Son
commandant, le vicomte Garbé, n'avait avec lui
qu'une garnison « de quatre-vingts vétérans hollan-
« dais, mal armés, la plupart infirmes il n'existait
« pour munitions de guerre que cent paquets de
« cartouches ». Il y avait, en outre, dans le fort,
quatre cents prisonniers, la plupart Espagnols, qui
appelaient de tous leurs vœux les alliés et « étaient

_____

(1) La trahison était si bien convenue d'avance entre les envahisseurs et Lecamus de Coëtenfoë que personnellement j'ai recueilli le fait suivant : Un magistrat de Lyon, qui fut mon collègue
et mon ami, M. Cuaz, originaire de Châtillon-de-Michaille, me racontait que son père avait joué involontairement rôle dans cette
affaire. Son père avait douze ans lors de la venue des Autrichiens
dans la région : ces derniers ne parlant pas le français et le commandant du fort ne parlant pas l'allemand, le jeune Cuaz fut pris
de force pour servir d'interprète, les Autrichiens lui causaient en
latin. Il fut entraîné après avoir été placé à cheval sur un canon.
Comme sa mère poussait des cris d'effroi, les officiers autrichiens
la calmèrent en riant, lui faisant comprendre qu'il n'y avait rien
à craindre, qu'il n'y aurait pas de combat, qu'ils étaient d'accord
avec le chef de la garnison.

« déterminés à tout tenter pour reconquérir leur
« liberté ». (1)

Manquant de munitions, Garbé fit placer sur le rocher de grosses pierres pour les faire rouler dans la
gorge dans le cas où l'ennemi oserait s'y aventurer.

Le 1er janvier 1814, le commandant de gendarmerie
de Culoz l'avertissait que les Autrichiens se propo-
saient de l'attaquer le lendemain et que, d'autre part,
le fort de l'Ecluse s'était rendu sans se défendre.

L'alerte fut vive ; mais ce fut inutilement que la
garnison du fort de Pierre-Châtel resta sous les armes. Ce jour-là, en effet, les Autrichiens ne jugèrent
pas à propos d'envahir cette partie du Bugey.

Le commandant Garbé profita de ce répit pour em-
barquer sur le Rhône les prisonniers, renvoyer à
Belley une trentaine de vétérans infirmes ainsi que
leurs familles et recevoir un renfort de cinquante-
quatre hommes du 52e d'infanterie légère et de quatorze canonniers de marine.

Le 4 février, quinze hussards autrichiens s'avancèrent sur Belley ; mais ils se retirèrent sur Saint-Rambert à l'approche d'un détachement de vingt-cinq
hommes envoyés contre eux par le commandant de
Pierre-Châtel.

Le général Meunier, à la tête de 1200 hommes,
était chargé de protéger Bourg. Jugeant sans doute
ses forces insuffisantes pour engager la lutte contre
les forces autrichiennes qui s'avançaient, il se retira
au-delà de cette ville, sur la route de Lyon.

Bourg n'avait plus pour la défendre que sa garde
nationale ; mais celle-ci fit héroïquement son devoir.
Lorsque le parlementaire se présenta, au nom du gé-

(1) Garbé. *Défense du fort de Pierre-Châtel, en 1814 et 1815,*
p. 35.

néral autrichien, pour sommer la ville de se rendre, on refusa de le recevoir et la bataille s'engagea près du pont de Jugnon.

Les nôtres étaient soixante environ ; jeunes gens remplis de la foi révolutionnaire, héros imbus de l'amour de la patrie. Ils avaient quelques fusils laissés à la garde nationale lorsqu'elle fut désarmée en 1795 ou 1796 et des fusils de chasse.

Après une vive fusillade, ils se retirèrent, sans avoir perdu un seul homme, par Challes et la route de Marboz : ils sentaient que la lutte était impossible devant les forces ennemies.

« Ce combat disproportionné qui, dit un historien « local, fait honneur à la garde nationale de Bourg, « ne pouvait pas être de longue durée ; il se termina « par la prise de la ville qui fut pillée ». (1)

***

(1) Béatrix. *Histoire du Pays de Gex*, p. 527 et 528. Parmi les victimes se trouvait le fils ou le neveu du général Bubna. Cela explique peut-être la colère du général autrichien et les excès qu'il permit. En entrant dans Bourg, son premier soin fut de lever sur la ville une contribution de guerre de 60.000 fr.

Néanmoins, le renseignement de Béatrix n'est peut-être pas très exact : il résulte en effet de documents de l'époque et de récits de témoins oculaires que Bourg ne fut point pillé, grâce aux supplications de Chapuis, curé de la ville. Ce prêtre, vieillard vénérable et digne de respect, était un ancien émigré, qui parlait l'allemand : il se jeta aux pieds de Bubna, le supplia d'épargner la ville et vit sa prière accueillie. Le récit d'un honorable médecin de Bourg, qui a été, dans son enfance, témoin de l'entrée des Autrichiens à Bourg, le Dr D..., vient confirmer ce fait : il raconte qu'un soldat autrichien logé dans sa famille ayant volé des draps, sa mère porta plainte au commandant, et que le soldat fut sévèrement puni. Mâcon, par contre, fut certainement pillé ; les Autrichiens, n'ayant pu forcer le passage à Saint-Laurent, passèrent la Saône à gué plus au nord et entrèrent ainsi dans cette ville en suivant la rive droite de la rivière.

Et, ne l'oublions pas, ceux qui pillaient ainsi le chef-lieu de notre département prétendaient être les amis de la France, affirmaient qu'ils ne combattaient que l'empereur et étaient les fidèles alliés du roi de demain, de Louis XVIII, des Bourbons !

Ils se croyaient déjà si bien les maîtres du pays qu'ils plaçaient, au nom du roi, un préfet provisoire à la tête du département. Ce préfet, qui succédait au baron Capelle et était un ancien amant d'Elisa Bonaparte, originaire d'Ambérieu, faisait faire pour eux des réquisitions de vivres et de fourrages, et, par crainte, beaucoup de maires se soumirent à ces vexations : ce que voyant, dans le Bugey, Garbé, commandant le fort de Pierre-Châtel, envoya des détachements dans les diverses localités pour intimer l'ordre aux maires de ne point céder aux ordres du nouveau préfet, sauf le cas de force majeure, et fit même rendre aux habitants une partie des objets ainsi réquisitionnés et déjà enlevés.

Le pays, du reste, ne paraissait nullement disposé à céder devant les menaces de l'étranger. Un officier autrichien s'étant rendu à Belley avec des voitures escortées de cavaliers et de fantassins pour faire des réquisitions, et ce un jour de foire, les paysans résolus à ne rien donner assaillirent l'officier et sa troupe pour les désarmer « avec tout ce qu'ils trouvèrent « sous la main, même avec des boules de neige ». L'officier se retira ; mais en faisant faire feu sur les paysans, dont plusieurs restèrent sur le carreau. (1)

Pendant qu'une de ses divisions s'emparait de Chambéry, Bubna, avec le gros de ses forces, se portait sur Lyon.

_____

(1) Garbé. *Défense du fort de Pierre-Châtel en 1814 et 1815*, p. 40 et 41.

Le général Meunier protégea cette ville jusqu'à l'arrivée d'Augereau qui, ayant reçu des renforts de l'armée d'Espagne, reprit énergiquement la défensive.

Malheureusement, avant de se résoudre à cette action, le duc de Castiglione oublia pendant de longs jours son devoir et perdit dans une fâcheuse inaction ces temps précieux. A diverses reprises, l'empereur lui donna l'ordre de réunir toutes ses troupes et de marcher sur le Rhin : Augereau refusa de marcher.

Napoléon lui écrivait : « Frappez l'ennemi au « cœur. L'empereur vous somme d'oublier vos cin- « quante-six ans et de vous souvenir des beaux jours « de Castiglione. »

L'appel était éloquent, mais il fut en vain adressé à celui qui avait complètement oublié dans les salons impériaux que c'était le général républicain qui avait conquis au maréchal le titre et le blason de duc. Augereau qui, en Italie, avait combattu avec nos glorieuses demi-brigades sans chaussures et sans pain et avait avec elles chassé l'Autrichien des plaines du Pô et des rives de l'Adige, répondit à l'empereur qu'il ne pouvait marcher, son armée étant mal équipée. A cela Napoléon de lui écrire ces lignes, qui prouvaient que les gardes nationales de la Champagne faisaient aussi bien leur devoir que celles de la Bresse et du Bugey : « J'ai en ce moment une divi- « sion de quatre mille gardes nationaux en chapeaux « ronds et en vestes, sans gibernes, armés de toute « sorte de fusils, dont je fais le plus grand cas, et je « voudrais bien en avoir trente mille. »

Et il n'y avait que vingt-cinq mille Autrichiens échelonnés de Chalon à Genève : Augereau avait oublié que, en 1796, 38.000 Français, au-delà des Alpes, avaient culbuté 60,000 Autrichiens et qu'il était alors à la tête des Français !

Ce n'est qu'en février qu'Augereau se décida à agir : et les premiers événements de la campagne suffirent pour démontrer que l'empereur avait pleinement raison.

Dès lors, en effet, l'ennemi est obligé de battre en retraite et de se retirer, après une série de défaites successives, sur la frontière suisse.

Le général Desaix reconquit rapidement la Savoie et s'établit solidement sur la rive gauche de l'Arve.

Pendant ce temps, le général Meunier, avec les brigades Bardet et Ponchelon, arrivait, le 17 février, à Meximieux : il en délogeait les Autrichiens, qui s'y étaient établis sous le commandement du général Klopfstein, les poursuivait jusqu'à Loyes, d'où il les chassait encore jusqu'à Pont-d'Ain.

Le 19, le général Meunier rentrait à Bourg et lançait en avant les généraux Bardet et Ponchelon, qui entrèrent, sans trouver aucun ennemi à leurs portes, dans Nantua et dans Bellegarde.

Les Autrichiens reculaient et fuyaient partout.

C'est à ce moment que l'on réorganisa dans le Bugey, en vertu d'un récent décret de l'empereur, les gardes nationales. On réquisitionna le plomb et la poudre pour en faire des cartouches. Les royalistes cherchèrent bien à arrêter l'élan patriotique et national ; « mais leurs efforts furent infructueux au milieu « de l'excellente population du Bugey ». (1)

Il s'agissait maintenant de reprendre le fort de l'Ecluse que la lâcheté de Lecamus de Coëtenfoë avait livré aux soldats de Bubna.

(1) Garbé. *Défense du fort Pierre-Châtel en 1814 et 1815,* p. 45.

Le 1er mars, le général Bardet établit ses batteries d'artillerie de campagne — les seules qu'il eût en sa possession — en face du fort sur un petit monticule entre Longeréy et la Savoie, puis, n'étant pas satisfait du tir de cette position, sur la hauteur du hameau voisin du Mollard.

La canonnade dura une demi-journée.

Deux cents habitants de Longeray et de Léaz vinrent joindre leurs efforts à ceux de nos soldats et montèrent sur le plateau qui domine le fort et sur lequel, depuis, on a élevé une nouvelle forteresse. De là, ils firent rouler sur les Autrichiens une grêle de pierres et de rochers.

« Cette manière d'attaquer fit plus d'effet que le « canon. Les toits et les planchers des bâtiments fu- « rent enfoncés en plusieurs endroits, et les Autri- « chiens craignant de se voir écrasés, ne firent au- « cune résistance. Toute la garnison fut faite prison- « nière ». (1)

Dans leur poursuite de l'ennemi, les généraux Bardet et Marchand se rejoignirent à Saint-Genis. Bardet avançait de son côté par le Jura et poussait jusqu'à Saint-Cergues.

Genève allait être repris ; mais Augereau ayant rappelé la division Meunier pour marcher sur Besançon, Bardet et Marchand n'étaient plus en forces pour attaquer la vieille cité de Calvin. Bardet transporta son quartier général à Châtillon-de-Michaille.

Le général autrichien Klebelsberg profita de cette retraite pour venir attaquer le fort de l'Ecluse avec 3.000 hommes et vingt canons. Le fort n'était défendu que par une compagnie de conscrits, sous les ordres du capitaine Bonnet, assistée de deux canon-

_____

(1) Béatrix. *Histoire du Pays de Gex*, p. 530.

niers pour le service des pièces. C'était peu comme nombre ; mais il n'y avait plus pour livrer la place un Lecamus de Coëtenfoë et cette petite troupe tint héroïquement tête à l'artillerie de Klebelsberg établie sur la Croix-Major et tirant à couvert. L'un des canonniers du fort Bertrand démonta deux pièces ennemies.

L'artillerie autrichienne fût sans doute venue à bout du courage de nos vaillants soldats, quand tout à coup, sur les hauteurs voisines, au milieu de la neige haute de six pieds, apparurent de nouveaux combattants qui firent un feu roulant sur les troupes de Klebelsberg. C'étaient les gardes nationales de Léaz, de Lancrans, de la Michaille, de Chézery — ces gardes nationales si stupidement décriées et qui, au moment du danger, ont, toujours et partout, fait noblement leur devoir ! — appuyées d'une compagnie de soldats venue de Châtillon. A leur tête se trouvait le capitaine Béatrix, adjoint municipal de Collonges. L'attaque fut si vive que le général Klebelsberg craignant, avec raison, de voir son artillerie tomber aux mains des nôtres, donna l'ordre de battre en retraite. Le fort de l'Ecluse était sauvé.

Mais pendant cette lutte héroïque, Augereau qui s'était avancé jusqu'à Lons-le-Saunier, a battu en retraite, a franchi l'Ain : l'ennemi est déjà à Ambérieu-en-Bugey et il s'apprête à marcher sur Saint-Rambert. Les gardes nationaux tiendront contre lui ; mais il faudra les encadrer de quelques soldats de ligne. Garbé détacha cinquante soldats de sa garnison de Pierre-Châtel — l'élite, nous dit-il — sous le commandement du lieutenant Durbec, avec ordre d'occuper le poste des Balmettes, près de Torcieu.

Ce poste avait été occupé par les paysans de Saint-Rambert.

En apprenant l'arrivée des Autrichiens, ces braves citoyens avaient transporté leurs meubles dans les hameaux de la montagne et s'étaient préparés à combattre.

L'alerte avait été donnée par un ancien soldat de l'Empire, Arpin-Gonnet dit *Bécot,* qui habitait Torcieu. Deux cavaliers autrichiens s'étaient approchés de sa maison, il les avait mis en fuite, bien qu'il eût pour toute arme un vieux fusil.

Les gardes nationaux de Saint-Rambert dirigés par le capitaine Juvanon et les lieutenants Grange François, Baron Gustave, Bourdin-Grévy, le sous-lieutenant Brucelin, l'adjudant Bozonnet Benoît, lequel n'était âgé que de dix-sept ans, — avec les paysans de toute la vallée armés de faulx, de pelles, de vieux fusils, — vinrent s'embusquer dans la gorge des Balmettes.

Durant la nuit, ils creusèrent dans la gorge large d'environ quatre cents mètres, entre le rocher Fort-Chauchat et le rocher des Balmettes, une large tranchée derrière laquelle ils s'établirent ainsi que dans les bois environnants. Une grotte était creusée dans le rocher à quarante mètres de la gorge, un étroit sentier seul y conduisait : c'est là que les officiers se portèrent pour diriger l'action.

Une seconde tranchée fut ouverte sur la route nationale, au Pont-de-la-Doit entre les villages de Montferrand et de Serrières.

Le ravitaillement de la petite troupe était fait par les femmes de Saint-Rambert et des divers villages de la vallée.

Le 17 mars, les Autrichiens attaquent les Balmettes : soldats et gardes nationaux les repoussent.

A cette nouvelle, Garbé envoie à l'aide de Durbec un nouveau renfort de quelques hommes sous les ordres du capitaine Balthazar. Celui-ci réunit les gardes nationaux de la vallée qu'il rencontra sur son passage et arriva à Torcieu au moment où l'ennemi livrait un nouvel assaut au poste des Balmettes.

Les escarmouches étaient continuelles : les cultivateurs venaient de tous les hameaux voisins et, après avoir fait le coup de feu, rentraient dans leurs demeures.

Ces combats de tirailleurs firent éprouver des pertes sérieuses à l'ennemi.

Cela durait depuis une quinzaine de jours quand un officier supérieur autrichien et quatre soldats eurent l'imprudence de venir en reconnaissance sous le rocher des Balmettes : le nommé Gabrion (Pierre) commandait l'avant-poste ; lui et ses hommes firent feu ; l'officier tomba percé de treize balles ; (1) pas un de ses hommes ne fut atteint. Ces derniers prirent la fuite, mais l'officier en tombant leur criait de venger sa mort en brûlant St-Rambert.

Cet incident fut le signal d'un engagement général.

Culbuter les Autrichiens fut pour les nôtres l'affaire d'un instant. Durbec et Balthazar, avec leurs soldats et leurs gardes nationaux, poursuivirent l'ennemi l'épée dans les reins jusqu'à Ambérieu.

Les Autrichiens revinrent à l'offensive ; mais ils ne fussent jamais parvenus à déloger nos soldats et nos gardes nationaux sans la trahison d'un misérable du hameau de Varcilles — nous taisons son nom — qui, pour une somme de 30 francs, guida l'ennemi par un sentier de la montagne, derrière le vieux château de St-Germain et sur le mont Charvey ; là, les Autrichiens se divisèrent en deux colonnes, l'une qui

---

(1) La famille Gabrion, à St-Rambert, possède encore le manteau de cet officier.

devait descendre sur Torcieu, l'autre sur Montferrand ; les nôtres, de cette façon, eussent été pris par
derrière et écrasés.

Heureusement un cultivateur, le nommé Barbarin
(Pierre), de Torcieu, qui travaillait sa vigne, les aperçut et accourut aux Balmettes pour avertir les nôtres,
emportant sur son dos son enfant âgé de quatre ans
(1) et laissant dans sa vigne son père qui ne pouvait
fuir et que les soldats ennemis eussent fusillé sans
l'intervention d'un de leurs officiers.

Avertis par Pierre Barbarin, les gardes nationaux
et les soldats purent battre en retraite.

L'ennemi se proposait de brûler Torcieu ; deux notables du village allèrent à Bourg implorer la pitié
du comte de Bubna. Ce dernier avait pour aide de
camp ou pour officier de son armée un nommé Décrivieux, ancien émigré, qui était originaire de St-
Rambert ; ce renégat voulut bien pourtant insister
pour que sa ville natale et Torcieu ne fussent pas incendiées. (2)

« Dans cette occasion, écrit Garbé, la garde natio
« nale commandée par M. Juvanon, montra un cou
« rage et un sang-froid dignes de militaires expéri
« mentés ; elle put, par son intrépidité, préserver du
« pillage la ville de St-Rambert ». (3)

Et Garbé, qui était un brave et un patriote, profite
de l'occasion pour rappeler, dans une note de sa très
intéressante brochure, les hauts faits de nos compatriotes en ces jours douloureux, « les actes de cou-

---

(1) Cet enfant vit encore aujourd'hui et habite St-Rambert ; il
raconte que, lorsque son père l'emportait, il criait voulant à tout
prix aller chercher sa galoche qu'il avait perdue dans la précipitation de sa fuite. — Mai 1887.

(2) *Défense du Fort de Pierre-Chatel en 1814 et 1815*, p. 47.

(3) Tous ces détails m'ont été donnés par mes amis MM. Bo-

« rage des habitants des autres parties du Bugey,
« qui, sans guides et mal armés, attaquaient cons-
« tamment les détachements ennemis et surtout la
« cavalerie. Ils gardaient tous les passages, de sorte
« que l'ennemi n'osait plus se présenter avec de fai-
« bles détachements. Si le même esprit, s'écrie-t-il,
« eût régné dans toute la France, il est incontestable
« que l'ennemi aurait eu beaucoup de peine à s'y
« maintenir. »

Et, en rappelant les exploits des paysans au fort de
l'Ecluse, il parle aussi de trente gardes nationaux de
Rossillon qui mirent en déroute un détachement de
hussards autrichiens et lui firent plusieurs prisonniers.

Lyon s'étant rendu, le capitaine Balthazar rentra
avec sa troupe, le 23 mars, à Pierre-Châtel ; il n'avait
eu qu'un blessé et perdu un prisonnier. L'ennemi
qu'il avait eu en face de lui avait eu une centaine des
siens mis hors de combat.

Pendant ce temps, sur un autre point du département, les habitants de Maillat et de la Combe-du-Val
tentaient, le 19 mars, d'arrêter l'arrière-garde autrichienne qui descendait de Saint-Claude. Ces braves
furent écrasés par le nombre, et pour fêter leur facile
victoire, les Autrichiens mirent le feu au village de
Maillat.

------

zonnet, conseiller municipal de Saint-Rambert, et Juvanon, conseiller d'arrondissement, parents l'un et l'autre des combattants ; ils
les ont recueillis auprès de vieillards octogénaires et nonagénaires
qui se rappellent cette époque néfaste. Il est bon, je crois, de conserver ces pieux souvenirs, patriotiques récits que la génération
prochaine ne connaîtra plus, que nul n'écrit et qui méritent d'être
retenus et transmis à nos enfants pour leur apprendre le culte des
aïeux et l'amour de la patrie, leur enseigner que leurs ancêtres sont
morts pour leur conserver l'honneur et la liberté, pour leur montrer qu'ils doivent vénérer les martyrs !

Au Sud, sur les bords du Rhône, l'ennemi cherchait à pénétrer dans l'Isère. Le baron Raverat, sur la rive gauche, était chargé de s'opposer à ce qu'il franchit le pont du Sault.

Raverat établit son quartier général au château de Vertrieu et, après avoir enlevé l'arche centrale du pont, il plaça à ce poste de confiance le capitaine Busque et sa compagnie. Il franchit lui-même le fleuve et enleva, sur la rive droite, tous les bateaux dont l'ennemi eût pu se servir pour passer sur l'autre rive.

Le lendemain même, l'ennemi parut et commença l'attaque ; mais, après une vive canonnade, il dut renoncer devant les soldats de Raverat et les flots du Rhône à pénétrer par cette voie dans le Dauphiné. (1)

Nous nous étions défendus héroïquement : les combats engagés par les gendarmes de Nantua, les gardes nationales de Bourg et de la Michaille avaient sauvé l'honneur, en prouvant que, dans les masses populaires, malgré le profond épuisement de l'empire, la foi patriotique était restée aussi vive et que paysans, ouvriers de 1814 étaient les dignes héritiers de leurs aînés de 1792.

Mais la lutte était trop disproportionnée pour sauver la patrie contre les 700.000 alliés qui envahissaient le territoire et contre la lâcheté des classes riches qui, dans les villes, trahissaient la cause nationale en appelant les Bourbons.

------

(1) Raverat. *Les Vallées du Bugey*, T. 1, p. 84 et 85 (Lyon, 1867).

CHAPITRE III

La Défense du Fort Pierre-Châtel en 1814

Ce chapitre, nous voulons le consacrer tout entier à un glorieux épisode de la défense nationale lors de cette première invasion de 1814. C'est le héros lui-même, le capitaine Garbé, qui l'a raconté dans un libre écrit avec la simplicité d'un soldat et la foi d'un patriote. (1)

Nous ne saurions mieux faire que de suivre pas à pas son récit et de n'en donner ici en réalité que l'analyse. Pour les vrais héros, ce qu'il y a de plus sage c'est de laisser raconter à ceux qui ont fait leur devoir comment ils l'ont fait.

Le fort de Pierre-Châtel, en mars 1814, se trouvait complétement isolé et abandonné : les troupes françaises s'étaient retirées de toutes les autres positions à vingt lieues à la ronde : Garbé et ses soldats, une poignée d'hommes, se trouvaient jetés au milieu des masses ennemies comme une sentinelle perdue qu'on a oublié de relever au milieu du désastre.

Rivet, le préfet de l'Ain qui, depuis la prise de Bourg, s'était retiré à Lyon, fit assurer, sur la demande de Garbé, le service des vivres de la garnison par la ville de Belley et autorisa le commandant à toucher 2.200 francs — les seuls fonds qu'il ait reçu pendant près de quatre mois — qui furent employés,

---

(1) *Défense du fort Pierre-Châtel en 1814 et 1815.* Paris, Ledoyen, éditeur, 1844.

1.600 francs pour la solde de la troupe, 300 francs pour la construction de travaux de défense, le reste pour payer les émissaires envoyés dans la région.

Malgré les hésitations du sous-préfet de Belley « homme consciencieux mais timide », Garbé parvint à approvisionner le fort surtout en prenant pour sa garnison les vivres — vins et légumes secs — qui primitivement avaient été destinés aux prisonniers, ainsi qu'il est dit plus haut, renvoyés dans d'autres forteresses.

Le 25 mars, une cinquantaine de dragons autrichiens firent une reconnaissance sous le fort : quelques coups de canon les firent reculer.

Le 26, Garbé fit faire une reconnaissance dans la direction de Belley, mais l'ennemi n'y avait point encore apparu.

Néanmoins, le général Bubna était résolu à attaquer le fort de Pierre-Châtel, « moins encore, dit « Garbé, sur les propres aveux du général autrichien « qu'il avait en face de lui, pour son importance que « pour l'appui qu'il aurait pu donner à une insurrec- « tion des populations voisines, dont le corps d'in- « vasion aurait tout à redouter. »

La manœuvre parut si importante à Bubna qu'il lança contre le fort de Pierre-Châtel un corps d'armée de 7.000 hommes, qui vint faire le siège régulier de la place.

Ce corps d'armée, placé sous les ordres du comte de Linange, occupa Belley les 27 et 28 mars. Le premier soin du général autrichien, en occupant la ville, fut de déclarer que quiconque ne rendrait point ses armes serait puni de mort.

Le 28, le comte de Linange fit une reconnaissance du côté de Pierre-Châtel, envoya des éclaireurs sur

Brens et Virignin et plaça un poste en avant du pont des Ecassaz.

L'attaque du fort était résolue.

La garnison se composait en ce moment, y compris le commandant Garbé, de 158 hommes : Garbé, son capitaine adjudant secrétaire, 14 canonniers du 2ᵉ régiment d'infanterie de marine, 50 soldats du 2ᵉ régiment d'infanterie légère, 51 soldats du 11ᵉ bataillon de vétérans, et enfin 40 déserteurs de divers régiments que les gardes nationaux avaient, quelque temps auparavant, conduits au fort. — Ces déserteurs étaient arrivés sans armes, mais malades : ils étaient rongés de gale et avaient communiqué leur mal aux autres soldats : néanmoins ils étaient guéris presque tous au moment de l'investissement. Garbé les fit armer de piques fabriquées par un soldat de la garnison qui était serrurier de son état.

Malgré tout le zèle déployé par le commandant, le fort était très mal approvisionné : il y avait de la viande fraîche tout au plus pour douze jours et point du tout de la viande salée.

Garbé déclare qu'il était sans instruction de ses chefs et « habitué au service des camps, il savait à « peine les détails de celui des places ». Il fallut suppléer à tout.

Le sergent-major de l'artillerie de marine dirigea le service du génie et de l'artillerie ; le barbier des vétérans, « qui avait quelques connaissances en chirurgie », fut investi des fonctions de médecin : « il se « servit d'une petite pharmacie envoyée de Paris « pour les prisonniers ; il forma un hôpital et fit lui- « même des instruments pour servir en cas d'ampu- « tation ».

Sur la partie la plus élevée du fort, du côté de Virignin, vers un des côtés les plus accessibles à l'ennemi, Garbé fit placer de grosses pierres destinées à être roulées sur les Autrichiens en cas d'assaut.

Le 29, une colonne autrichienne avant débouché du pont des Ecassaz et se trouvant à la hauteur du hameau des Champagnes, Garbé fit embusquer le lieutenant Pestalozzi et vingt-cinq hommes dans un petit bois au-dessus de Virignin avec ordre de ne tirer que lorsque l'ennemi serait proche. L'ordre fut exécuté et les Autrichiens surpris se débandèrent et prirent la fuite dès la première décharge ; ils se retirèrent dans Virignin, d'où, pendant deux heures, ils engagèrent une vive fusillade avec nos soldats.

L'ennemi occupait Virignin, Chamilieu, La Balme, Yenne. Il occupait aussi la montagne des Bans, qui domine le fort, et, à cette époque, comme il n'y avait point à Pierre-Châtel de fortifications régulières, rien ne pouvait mettre à l'abri des coups tirés de cette redoutable position. Le seul endroit d'où l'on pût riposter au feu de la montagne était le grenier de la caserne ; des tirailleurs s'y placèrent, ôtèrent des tuiles et « formèrent des espèces de créneaux d'où ils « forcèrent l'ennemi à se retirer », le 30, après une fusillade si bien nourrie de la part des assaillants que l'on ne pouvait plus circuler dans le fort. Au milieu de cette bagarre, le sergent-major Guizol, monté sur le toit, tua l'officier du génie autrichien qui était venu à la pointe de la montagne pour tracer le plan d'attaque. « Ce brave sous-officier, nous dit « Garbé, ajustait si bien que presque tous les coups « qu'il tirait portaient ; aussi l'ennemi était-il pres· « que toujours caché dans les bois de la montagne ».

Le soir du 30, Garbé fit rétrograder une colonne autrichienne, qui cherchait à passer d'Yenne à La Balme.

Les 1ᵉʳ et 2 avril, la fusillade ne cessa point entre

les Autrichiens et les soldats du fort qui restaient
sous les armes de trois heures du matin à huit heures du soir. Ces derniers firent même quelques re-
connaissances hors de la forteresse.

Cependant l'ennemi fortifiait la montagne des
Bancs et pour y faire monter ses canons mettait à
réquisition, pendant huit jours, deux cents paysans.

Le 3 au matin, un capitaine autrichien vint en parlementaire au fort pour sommer le commandant de
se rendre. Garbé lui répondit qu'il pouvait dire à
son chef, le baron de Neugebauer, qu'il était inutile
de lui envoyer pareils messages, « qu'il était décidé
« à se défendre jusqu'à la dernière extrémité, c'est-à-
« dire jusqu'à ce qu'il manquât de vivres ou qu'il se
« trouvât dans l'impossibilité de soutenir un assaut. »

Ce parlementaire était de Namur ; il avait été capitaine au 112ᵉ régiment français et avait déserté — et
Garbé ajoute tristement : « Au reste, dans ce régi-
« ment autrichien, il y avait beaucoup de Français. »

Le 4, l'ennemi commença le bombardement du
fort ; il tira environ quatre cents coups de canon et
envoya plus de deux cents obus de quatre à neuf
heures du matin. Ses obus détruisirent la caserne et
y mirent le feu ainsi qu'à l'écurie ; « il trouvait heu-
« reusement une pompe dont la manœuvre fut faite
« avec un sang-froid admirable, sous le feu de l'en-
« nemi, par les hommes non armés. »

Les nôtres n'avaient, pour riposter aux batteries
autrichiennes, qu'une seule pièce de canon, et, « cha-
« que coup qu'elle tirait, on était obligé de la mettre
« hors de batterie, parce que l'ennemi, dirigeant con-
« tinuellement son feu sur elle, l'eût infailliblement
« démontée. Je fus obligé, ajoute Garbé, d'employer
« les paillasses et les draps de lit pour faire des sacs
« à terre pour cette batterie, qu'il fallait reconstruire

« toutes les nuits, car, dans le jour, le feu de l'en-
« nemi la détruisait entièrement ».

Durant la nuit du 4 au 5, le 6, le 7 et le 8, les Autrichiens qui, du reste, avaient fait venir de nouvelles pièces de Genève et construit de nouvelles batteries, continuèrent à bombarder le fort, faisant pleu-
voir sur les nôtres une grêle de boulets.

Le 9, ils redoublèrent même leur feu et, de six
heures du matin à midi, tirèrent trois cents coups de
canon et envoyèrent deux cents obus. L'unique pièce
du fort, sans cesse mise hors de batterie et déplacée,
leur répondit par douze coups de canon.

A midi, un nouveau parlementaire autrichien se
présenta à la porte du fort pour lui offrir, de la part
du baron de Neugebauer, de faire soigner à Belley
un des officiers français qu'il savait être blessé.

Aucun officier n'était blessé ; Garbé se contenta
donc de remercier de ses offres le colonel autrichien.
La prétendue blessure de l'officier nous paraît être
un simple prétexte pour ouvrir de nouvelles négocia-
tions en vue de la reddition du fort ; cela paraît d'au-
tant plus probable que, le matin, comme lors de
l'envoi du premier parlementaire, les batteries ennemies avaient redoublé leur feu.

Le 10, jour de Pâques, une sorte d'armistice tacite
fut conclu entre les deux parties.

Le 11, le bombardement recommença et dura
toute la journée.

Le 12, le baron de Neugebauer envoya à Garbé un
troisième parlementaire.

Ce dernier était porteur du numéro du *Moniteur*
qui annonçait la prise de Paris, la déchéance de
l'empereur et l'avènement du Gouvernement provisoire.

Le parlementaire remit en outre à Garbé une lettre

du colonel Neugebauer, dans laquelle le commandant autrichien lui faisait remarquer que désormais toute lutte était impossible et qui se terminait par ces lignes, hommage rendu à la vaillance du soldat français et injure aussi sanglante pour les hommes du Sénat et du Corps législatif :

« Permettez-moi de vous faire observer que la bonne
« intelligence qui règne entre les hautes puissances
« alliées et le gouvernement provisoire français ne
« laissera pas longtemps dans le malheur un brave
« qui a si bien fait son devoir. »

Garbé lui répondit que, « la grande question étant
« décidée, les alliés étant vainqueurs, tout effort ne
« pouvant influencer en rien sur l'état des choses »,
il lui proposait un armistice, mais qu'il refusait de lui remettre le fort : « Je conserve, ajoutait-il fière-
« ment, envers le gouvernement français, quel qu'il
« soit, une responsabilité dont votre bombardement
« ne m'a pas dégagé. »

Le 13, une députation de la ville de Belley, composée de fonctionnaires publics et d'ecclésiastiques, se rendit au fort avec un parlementaire autrichien pour prier Garbé de le rendre. « Je leur répondis, raconte
« notre héros, que sans doute, ils n'avaient pas ré-
« fléchi à la démarche inconvenante qu'ils faisaient
« auprès de moi ; que, plus qu'eux, je gémissais des
« charges qui écrasaient ce pays, mais que je ne
« pouvais en hâter le terme aux dépens de mon hon-
« neur. »

Le même jour, le baron de Neugebauer lui écrivit que le général Bubna l'autorisait à traiter sous les conditions suivantes : la garnison remettrait les armes ; elle pourrait aller rejoindre le corps du général Marchand ; le fort ne serait occupé par aucune troupe et resterait sans garnison.

Garbé repoussa ces propositions.

Cependant l'aristocratie, le clergé, les fonctionnaires de Belley pactisaient avec les alliés, les saluaient comme des libérateurs ; le 16 même, ils leur donnaient une fête, à laquelle on invitait Garbé. « La « fête fut célébrée par une messe en musique, un « banquet et un bal. »

La France était démembrée et ruinée, la patrie en deuil, les gardes nationaux s'étaient héroïquement défendus ; mais le clergé remerciait Dieu d'avoir donné la victoire à nos ennemis, la noblesse et la bourgeoisie, devant les tombes de nos soldats, dansaient de joie en saluant leurs bourreaux !

Cependant la garnison du fort commençait à souffrir. Dès les premiers jours du siège, la ration de pain avait été réduite à vingt-deux onces ; les soldats n'avaient de la viande que deux jours par semaine et devaient, le reste du temps, se contenter de haricots assaisonnés avec de la graisse ou de l'huile. La plupart de ces soldats étaient Hollandais, Piémontais, Toscans et Romains et cependant, bien qu'ils sussent que leur pays ne faisait plus partie du territoire français, sans murmure, sans plainte, ils avaient fait héroïquement leur devoir pour le drapeau tricolore.

Le 20, Garbé reçut une nouvelle lettre du baron de Neugebauer, dans laquelle celui-ci lui mandait que le comte de Bubna consentait à laisser la garnison sortir avec armes, bagages et munitions et à ce que le fort ne soit pas, après son départ, occupé par les alliés.

Pierre-Châtel, fait remarquer Garbé, n'avait à ce moment ni fortification régulière, ni moyens de défense : « il n'abandonnait qu'un rocher dont l'occu- « pation cessait d'offrir aucune utilité. »

Le colonel Neugebauer se rendit à Pierre-Châtel et accepta les conditions que lui proposa Garbé.

L'article 1er de la convention stipulait que le fort serait évacué dans les trois jours ; l'article 2 que « la « garnison sortirait avec tous les honneurs de la « guerre, armes, canons, munitions, bagages, etc.... « et se rendrait au premier poste des troupes fran- « çaises » ; l'article 3 que « le fort ne pourrait être « occupé par aucune troupe que d'après un ordre du « gouvernement provisoire français. »

Telles étaient les conditions qu'imposait le chef de cent cinquante braves à un ennemi qui avait 7.000 hommes sous ses ordres, alors que lui-même n'avait plus ni vivres, ni munitions et qu'il occupait un rocher absolument isolé sans espoir d'être jamais secouru !

Le 23, Garbé et sa troupe quittèrent avec drapeau, armes et bagages le fort qu'ils avaient héroïquement défendu et prirent la route de Grenoble, où était le plus prochain poste français.

Au Pont-de-Beauvoisin, à Voiron, partout sur le passage de l'héroïque petite troupe, éclataient la patriotique douleur des habitants pour le pays vaincu et l'enthousiasme pour ses vaillants défenseurs.

Le 25, Garbé arriva à Grenoble : il remit ses trois canons et ses munitions au directeur d'artillerie. Il dut alors se séparer de ses braves compagnons.

Le 26, le baron de Neugebauer le présenta au comte de Bubna. Dans les salons de ce dernier se pressaient les magistrats, le préfet, tous les fonctionnaires jaloux de faire la cour aux alliés des nouveaux maîtres, les Bourbons. « C'est donc vous, dit le gé- « néral autrichien en s'adressant au brave capitaine, « qui avez défendu témérairement votre Pierre-Châtel « et qui avez préféré une résistance inutile à une « reddition honorable? — Général, répondit Garbé, « si je m'étais rendu, vous m'auriez traité d'une pire « manière, car vous m'auriez appelé lâche. »

Et alors, devant tous ces traîtres courbés devant les vainqueurs, Bubna, laissant entrevoir le mépris qu'il avait pour eux tous, serra la main à Garbé et lui dit: « Soyez tranquille, si tous les Français s'é-« taient conduits comme vous, peut-être ne serions-« nous plus en France. »

Tout commentaire effacerait un pareil jugement sur l'héroïque défense de Pierre-Châtel.

CHAPITRE IV

La campagne de France. — La trahison. — Carnot.
— Prise de Paris. — Déchéance de Napoléon. —
Retour des Bourbons. — Convention du 23 avril
1814. — Gex proteste de son attachement à la .
France.

Napoléon, pour sauver son trône et la patrie, faisait entre les Vosges et la Seine, cette merveilleuse
campagne de France qui n'a de comparable que sa
première campagne d'Italie. Plus belle peut-être, car
il ne combattait plus en champ ennemi, il luttait
pied à pied sur le sol national ; en Italie, ses soldats
n'avaient ni souliers, ni sabots souvent, mais ils
avaient l'ardeur que donnaient déjà dix victoires et
l'enthousiasme de 1789 ; en France, ses conscrits de
dix-sept ans ont des chaussures, mais ils savent d'a-
vance que la bataille est perdue ; ils sont écrasés par
le nombre.

Abandonné par le Corps législatif qui, muet pendant tout son règne, profitait des désastres de la patrie pour réclamer contre le despotisme, Napoléon
l'avait prorogé en s'écriant : « Est-ce le moment de
« parler des abus quand deux cent mille Cosaques
« franchissent nos frontières ? Il ne s'agit pas de li-
« berté et de sûreté individuelle, il s'agit de l'indé-
« pendance nationale.. » Et, ne comptant que sur
lui-même, il prenait la tête de ses soixante mille conscrits pour les opposer aux vieilles troupes, aux cinq
cent mille soldats des alliés.

Son génie militaire fait des efforts surhumains et,

en un mois, il livre successivement aux trois armées du Nord, de Silésie et de Bohême quatorze batailles et remporte douze victoires. Saint-Dizier, Brienne, Champaubert, Montmirail, Vauchamps avaient revu le jeune vainqueur des plaines du Piémont et de la Lombardie.

Mais tous trahissent l'empereur et, en même temps, la France. Murat livrait l'Italie aux Autrichiens, en croyant sauver sa couronne ; la ville de Bordeaux acclamait Louis XVIII ; et Talleyrand écrivait aux souverains alliés : « Vous pouvez tout et « vous n'osez rien ; osez donc encore une fois. »

Ils osèrent, suivant les conseils de l'ancien évêque d'Autun, et, après la bataille sanglante et indécise d'Arcis-sur-Aube, ils se présentèrent sous les murs de Paris.

Les maréchaux Marmont et Mortier ne surent pas défendre la capitale et, malgré l'héroïsme des ouvriers et de la jeunesse des écoles, grâce aussi à la trahison ou du moins à l'incurie du ministre de la guerre Clarke, Paris tomba aux mains des alliés.

Pendant ce temps, Augereau, qui était chargé de défendre notre région, après avoir abandonné le Jura et le Mâconnais, livra, sur les hauteurs de Limonest, aux portes de Lyon, une bataille, où il fut malheureusement vaincu.

Ainsi, lorsque tous les renégats de la cause républicaine, tous ceux qui avaient adulé l'empire, tous ceux que César avait comblés de ses faveurs et de ses richesses, ceux qu'il avait faits rois comme Bernadotte et Murat, ceux qu'il avait faits princes comme Talleyrand, ceux qu'il avait faits ministres comme Clarke, duc et maréchaux comme Augereau, ceux auxquels il avait confié les sièges du Sénat et du Corps législatif, alors que tous ses favoris le trahissaient pour conserver leurs richesses et leurs honneurs sous le régime monarchique de demain, ceux qui venaient le défendre étaient ceux qu'il avait persécutés, ces jacobins proscrits comme Carnot, ces masses populaires, héritières de la Montagne, filles de la Révolution, ouvriers de Paris, gardes nationales de l'Ain et de la Champagne, c'étaient ceux qui avaient souffert de son règne qui combattaient à ses côtés pour la France. C'est que rois, ducs et ministres avaient perdu, dans leur basse adulation du pouvoir, tout sentiment de patrie et que le patriotisme était resté inébranlable dans l'âme de ceux qui avaient conservé intact le culte de la liberté et de la dignité humaine ! Ceux-là ne songeaient qu'à leurs biens ; ceux-ci ne pensaient qu'à la France.

Il abandonna Lyon. Augereau trahissait aussi : depuis trois semaines, il entretenait des relations avec les alliés ; sous prétexte de s'opposer à la jonction des Anglais et des Autrichiens, il éparpillait ses troupes dans toute la vallée du Rhône, livrant Lyon et par là même le sud-est tout entier à l'ennemi.

La trahison était partout ; c'était elle qui livrait aux étrangers Paris, Lyon, Bordeaux, les souverains alliés eux-mêmes étaient stupéfaits de leur victoire.

Un homme cependant, à la dernière heure, à l'heure du péril, alors que tous, ducs, princes et courtisans, trahissaient l'empereur, un homme proscrit durant tout le règne, venait offrir son génie pour défendre la patrie, qu'il avait sauvée autrefois, qu'il avait jadis rendue invincible ; cet homme était un républicain irréconciliable, Carnot. Napoléon accepta l'offre de « ce bras sexagénaire », non comme secours, mais comme exemple et il lui confia la défense d'Anvers.

Le 1er avril, le Sénat était convoqué par Talleyrand, et, sur son inspiration, le 3, il prononçait la
déchéance de Napoléon pour appeler au trône Louis
XVIII, le candidat des alliés, auquel il avait la prétention d'imposer une Constitution.

Désormais, après quelques hésitations toutefois,
Napoléon refusa de lutter plus longtemps et, après
avoir fait les adieux à sa garde dans la cour de Fontainebleau, il partit pour l'île d'Elbe.

Depuis vingt ans, nos aïeux étaient tellement habi-
tués à l'idée des victoires et des conquêtes que l'invasion de 1814 les surprit comme un brusque réveil au
milieu d'un rêve ; tous auraient pu dire ce que notre
Edgar Quinet écrivait à ce sujet :

« Je me souviens que moitié insouciance d'enfant,
« moitié attente, je m'acheminai sur la grande route.
« Il pleuvait.

« Je vis des cavaliers en manteaux blancs qui s'ap-
« prochaient et formaient une longue file jusqu'à
« l'extrémité de l'horizon ; c'était l'invasion qui s'é-
« tendait silencieusement sur notre bourgade ! La
« France était aux mains de l'ennemi que nous n'en
« savions rien encore ! » (1)

---

(1) *Histoire de la Campagne de* 1815, p. 25. Edit. Germer-
Baillière, Paris.

Cette bourgade était Charolles où habitait alors notre illustre
compatriote.

A Bâgé-le-Châtel, à ce que me raconte un témoin oculaire, mon
aïeule vénérée, les habitants furent très surpris, un dimanche
matin (probablement le dimanche des Rameaux, 3 avril), de voir
les Autrichiens ayant établi leurs bivouacs dans la principale rue
de la petite ville. Cette cité, comme tout le reste du pays, était
profondément attachée à la cause de la Révolution : seule, une
vieille femme, surnommée *La Thérèse*, loueuse de chaises de
l'Eglise, se réjouissait de l'arrivée des Autrichiens : « Ce sont de
« braves gens, disait-elle, qui nous ramènent les Bourbons ».

« Au commencement de 1814, ajoute Quinet,
« les Français s'étonnaient encore d'avoir été vain-
« cus ». (1)

Il fallut bien, en effet, l'ahurissement de la nation,
la désorganisation générale, pour que le Sénat impérial, traître à Napoléon, pût faire remonter sur le
trône la famille contre laquelle le peuple avait fait la
Révolution de 1789, et qui était ramenée sur le sol
national par les rois contre lesquels la France luttait
depuis un quart de siècle.

En quittant Londres, Louis XVIII, du reste, avait
pris soin de le reconnaître lui-même quand il dit au
prince régent d'Angleterre : « C'est aux conseils du

Devant cet enthousiasme pour les alliés, la municipalité de Bâgé-
le-Châtel ne trouva rien de mieux que d'envoyer loger chez cette
femme plusieurs hussards autrichiens. Le soir même, la pauvre
royaliste pouvait s'apercevoir que ces soldats n'étaient pas les
« bonnes gens » qu'elle croyait, car ils la rouaient de coups de
plat de sabre : ils lui auraient même fait un mauvais parti sans
l'intervention d'un officier supérieur. Les mauvais traitements des
envahisseurs envers cette vieille femme furent, du reste, une exception à Bâgé-le-Châtel.

Il n'en fut pas de même partout : ainsi à Ambérieu-en-Bugey,
il est resté dans le souvenir des populations un lugubre souvenir
des envahisseurs, qu'on appelle encore les *Cosaques*. Ceux-ci
campèrent longtemps au hameau de Tiret sur la route d'Ambérieu à Ambronay, en un lieu appelé depuis le *Bivouac*. Les vieillards recontent qu'ils volaient impitoyablement le vin dans les
caves et les bijoux dans les armoires. Les femmes devaient se
cacher pour se soustraire à leur bestialité. Un jour, raconte-t-on,
ils eurent la prétention de se faire livrer les filles du village par
voie de réquisition ! Sur le refus du maire, ils le frappèrent à
coups de cravache. Ces excès s'expliquent peut-être par la colère
suscitée par la longue résistance de nos braves Bugistes aux Balmettes.

Ces derniers renseignements m'ont été donnés par mon ami M.
Pellaudin, conseiller municipal d'Ambérieu, qui a bien voulu in-
terroger tous les vieillards témoins de cette douloureuse époque.

(1) *Histoire de la Campagne de* 1815, p. 41.

« prince, à ce glorieux pays, et à la confiance de ses
« habitants que j'attribuerai toujours, après la divine
« Providence, le rétablissement de ma maison sur le
« trône de mes ancêtres. »

Louis XVIII le proclamait clairement : il n'était
plus seulement roi de France par la volonté de Dieu,
mais encore par le bon plaisir des Anglais.

Le nouveau gouvernement devait trop aux alliés
pour leur refuser toutes les dépouilles de la France
qu'il leur plairait de demander.

Aussi, le 25 avril, Talleyrand — l'homme le plus
digne de cette triste besogne — signa-t-il, en son
nom, une convention déplorable qui réduisait la patrie à ses frontières du 1er janvier 1792, et livrait aux
ennemis cinquante-huit places fortes, 12,000 canons,
trente vaisseaux, douze frégates — et tout cela, « sans
« rien préjuger des dispositions de la paix ! »

Les deux millions de soldats français morts depuis
vingt ans sur les champs de bataille seraient donc
tombés en vain si, en répandant leur sang sur tous
les grands chemins de l'Europe, ils n'avaient laissé
la semence féconde qui devait partout faire germer
les principes de la Révolution ! Et cette propagande-
là, la plume de Talleyrand ne pouvait l'effacer de l'esprit des peuples !

Quand il s'agit entre les alliés et leur protégé, le
roi de France, de fixer définitivement les nouvelles
frontières, on résolut de relever l'ancienne République
de Genève et de la réunir à la confédération helvétique ; mais, le territoire de Genève paraissant aux
alliés trop exigu, il fut question d'adjoindre à la République quelques communes de la Savoie et le pays
de Gex tout entier.

A Gex, quelques-uns, oubliant toute idée de patrie,
irent ce projet avec faveur ; mais la masse de la po-

pulation protesta énergiquement, réclamant pour elle
la nationalité française, qu'elle avait depuis Henri IV.

Varicourt, curé de Gex, se mit à la tête des pro-
testataires. Il rédigea deux adresses : l'une au roi,
qu'il fit signer par les maires et les principaux habitants du pays ; l'autre à la duchesse d'Angoulême
qu'il fit signer par les ecclésiastiques.

Bien entendu, dans ces deux adresses, le curé de
Gex laisse surtout entrevoir sa foi de royaliste et de
catholique ; mais, avant tout, c'est une énergique
manifestation en faveur de la patrie.

Au roi, il rappelle que c'est son aïeul Henri IV
qui a réuni Gex à la France : « On parle de nous
« réunir avec la Suisse ou avec Genève ; sire, au-
« rions-nous eu le malheur de démériter de notre
« roi ! Nos cœurs nous disent que non, et cependant
« cette séparation de la France serait pour nous le
« plus grand des châtiments. »

A la duchesse d'Angoulème, c'est de saint Louis et
de religion qu'il parle : « Si nous sommes démem-
« brés de la France, ce sera pour nous réunir à Ge-
« nève qui s'appelle elle-même la Rome des protes-
« tants. Nous le disons à regret, cette mesure
« ferait en très peu de temps disparaître la reli-
« gion de notre malheureux canton... Bientôt nous
« verrions se relever à côté de nos églises ces mêmes
« temples que Louis XIV avait fait disparaître. Non,
« ce ne sera pas sous Louis XVIII que la religion
« aura à s'affliger d'un pareil malheur ! »

Demander à rester Français au nom de la révoca-
tion de l'édit de Nantes, c'est-à-dire de l'acte le plus
anti-patriotique, du plus grand crime de lèse-patrie
qu'aient jamais commis les rois, peut paraître étrange,
mais il ne faut pas oublier quelle était la destinataire

de la lettre et qu'un pareil argument, quelque sot fût-il, pouvait la toucher au cœur.

Du reste Varicourt ajoutait très noblement : « On « fait craindre aux Gessiens de n'être plus Français... « de ne plus être Français ! Ils le seront toujours, et « jamais ils ne feront à un autre Gouvernement un « serment qu'ils ne sauraient tenir. »

Le 17 juillet 1814, les maires de l'arrondissement, les fonctionnaires se réunirent à Gex et nommèrent six délégués, Rouph, (1) procureur du roi, le curé Varicourt, le comte de Divonne, Borsat d'Hauterive, Girod et Mégard-Grizard pour porter leur réclamation au roi, à la duchesse d'Angoulême et au comte d'Artois. Ils protestaient de leur ferme volonté « de rester « invariablement unis à la France ».

Cette protestation fut, pour l'heure, rendue inutile par le retour de Napoléon, qui remit toutes choses en question.

---

(1) Celui-ci devait avoir pleine autorité pour parler à la duchesse d'Angoulême, car son père s'était fait tuer en 1792 pour la reine Marie-Antoinette, en défendant la porte de sa chambre.

CHAPITRE V

La première Restauration. — Les Autrichiens à Bourg. — Le départ des Alliés. — Le retour de l'île d'Elbe.

En mars 1814, dès qu'ils furent rentrés dans Bourg, après la retraite d'Augereau, les Autrichiens constituèrent une commission municipale qui, entièrement dévouée à la cause royaliste et anti-française, quelques jours après, à la nouvelle de la déchéance de Napoléon, le 12 avril, arbora le drapeau blanc, annonça « solennellement les heureux changements « survenus dans le gouvernement », et, le soir, illumina.

Il fallait bien fêter la défaite de la patrie !

Les alliés, les hussards autrichiens, mais ce sont les plus fidèles amis de la population bressane, ceux qui « lui permettent enfin d'exhaler les affections de « son cœur » pour le roi et la famille royale !

Oubliant qu'elle n'avait pris le pouvoir que sous la menace de mort si elle se dérobait à ses fonctions, la Commission municipale déclara donner « une adhé- « sion spontanée aux actes du gouvernement ».

Le 17 avril, les nouveaux fonctionnaires de Bourg offrent un banquet de quatre-vingts couverts aux officiers autrichiens et le préfet a le cynisme de porter la santé des souverains alliés.

Le 19, ce même fonctionnaire prête les salons de la préfecture au général autrichien qui donne un bal aux dames de la ville. Le 27, on chante un *Te Deum* à Notre-Dame pour remercier le Ciel d'avoir donné la victoire aux ennemis de la France et, dans une procession solennelle, on promène dans les rues de Bourg l'image de la Vierge, derrière laquelle, dans une touchante union, marchent le préfet et le général autrichien. Et, à quelques mètres de là, les tombes des gardes-nationaux morts au pont de Jugnon, pour la patrie, étaient encore fraîchement remuées ! Et vous, pauvres héros des Balmettes, de Maillat, de l'Ecluse, vos mânes durent tressaillir d'indignation à un tel spectacle ! Il est vrai, le drapeau tricolore, le drapeau de Jemmapes et de Valmy, était votre linceul et maintenant, partout, flottait le triste drapeau des émigrés, le drapeau de l'étranger, le drapeau blanc aux fleurs de lys !

Le 1er mai, les Autrichiens évacuèrent le département : ils y étaient entrés en ennemis et en conquérants ; ils en sortaient couverts de fleurs par les fonctionnaires, la bourgeoisie et le clergé ; ils ne devaient plus se souvenir des coups de fusil essuyés à Meximieux, à Virignin et aux Balmettes.

Le 16 août 1814, pour les récompenser de leur dévouement à la monarchie, le gouvernement décora en bloc le maire, les adjoints et tous les conseillers municipaux de Bourg.

Aussi l'enthousiasme officiel fut-il à son comble quand, les 22 et 23 octobre, le comte d'Artois, le futur Charles X, fit son entrée solennelle dans notre chef-lieu. (1)

Le comte d'Artois put croire, dans l'enivrement des ovations, que la France tout entière, en dehors des quelques récalcitrants, acclamait de cœur la monarchie des Bourbons. Mais le monde officiel, la

---

(1) Voir ce sujet dans les *Annales de la Société d'Emulation de l'Ain* (années 1883 et 1884), un très intéressant article de M. E. Tiersot intitulé : *La Restauration et les cours prévôtales dans le département de l'Ain.*

bourgeoisie, le clergé, n'étaient pas la France et la France restait fidèle à la cocarde tricolore, la France restait révolutionnaire.

« Bientôt, écrit Edgar Quinet, la maison de Bour-
« bon, qui avait le plus profité des désastres, en pa-
« rut la première complice. Dès lors, cette dynastie
« put voir combien c'est un don funeste et difficile à
« garder que celui d'un trône reçu de la main de
« l'étranger. En peu de mois, la nation avait fait
« cette découverte que son principal ennemi, c'était
« son gouvernement. » (1)

L'armée avait pris la cocarde blanche, mais c'était avec un profond regret qu'elle avait quitté les trois couleurs qui l'avaient conduite tant de fois à la victoire depuis Valmy jusqu'à la Moskowa. Les émigrés, ses ennemis, qu'elle avait battus tant de fois avec les régiments prussiens et autrichiens, dans lesquels ils étaient encadrés, étaient devenus ses chefs : il fallait qu'elle leur obéit.

Louis XVIII avait bien octroyé une Charte à son peuple ainsi qu'une Constitution parlementaire, ayant vu, durant son séjour en Angleterre, que ce régime n'avait « d'autre inconvénient que des désagréments « quelquefois assez sérieux pour les ministres » ; (2) mais cette Constitution n'était en réalité qu'un trompe-l'œil et le pouvoir royal, plus despotique que jamais, n'avait d'autre limite véritable que *son bon plaisir*.

Toutes les conquêtes de 1789 étaient menacées par les anciens nobles revenus de l'exil sans avoir oublié un seul de leurs préjugés.

_____

(1) *Histoire de la campagne de* 1815, p. 41.

(2) Thiers. *Histoire du Consulat et de l'Empire*, T. XVIII, p. 83.

La révolution était prête : toute la nation n'attendait qu'un signe pour se soulever contre ceux qu'elle considérait, avec raison, comme les lieutenants de l'étranger.

Ce signe, Napoléon le donna en débarquant, le 1er mars, au golfe Juan. « La victoire, disait-il en « mettant le pied sur le continent, marchera au pas « de charge, l'aigle, avec les couleurs nationales, vo-« lera de clocher en clocher jusqu'aux tours de « Notre-Dame. »

Ce ne fut pas une victoire, ce fut un long triomphe du golfe Juan aux Tuileries. La France tout entière acclama l'empereur ; la France était avec lui parce qu'il représentait 1789 contre l'ancien régime : César avait disparu, on ne voyait plus en Napoléon que l'héritier de la Révolution.

« Ce fut une force d'attraction irrésistible, aveu-« gle ; l'étonnement d'abord, puis l'éblouissement, « puis l'admiration nous conquirent presque tous au « même moment ». (1)

« Pas un coup de fusil n'était parti pour défendre « les Bourbons, dit un historien, pas une goutte de « sang n'avait été versée pour le rétablissement de « l'Empire ; c'est que cette révolution inouïe ne sor-« tait pas d'un complot, mais d'une conspiration « universelle. » (2)

Ceux-là même qui, lâchement, s'étaient empressés d'adorer le pouvoir des Bourbons, reprirent avec un non moins grand empressement la cocarde tricolore. (3) Le maire, les adjoints, les conseillers municipaux

---

(1) Edgar Quinet. *Histoire de la Campagne de* 1815, p. 47.

(2) Victor Duruy, *Histoire de France*, t. II, p. 655. Paris, Hachette, éditeur, 1880.

(3) Seule, en réalité, la vieille aristocratie de l'arrondissement

de Bourg furent de ce nombre : le 14 mars 1815, dès la réception de la nouvelle de la rentrée de Napoléon à Paris, ils publièrent d'enthousiasme les nouveaux décrets impériaux, abbattirent le drapeau blanc et arborèrent au balcon de l'Hôtel de Ville le drapeau de Iéna et d'Austerlitz.

CHAPITRE VI

Les Cent Jours. — L'appel aux armes. — Les préparatifs de défense nationale. — Les Volontaires de l'Ain à Romans. — La Fédération de Bourg. — Les corps francs.

Durant sa marche triomphale du golfe de Juan à Paris, à Grenoble, Napoléon avait dit : « J'arrive « pour rendre notre belle France libre, pour me pro- « clamer son premier citoyen. »

Rentré aux Tuileries, il voulut, en partie du moins, justifier cette parole. Il se rapprocha de Benjamin Constant et des autres libéraux qui, par une étrange palinodie, après avoir encensé les Bourbons quelques jours auparavant, se jetèrent dans les bras de Bonaparte.

Napoléon rédigea, avec ses nouveaux alliés, l'*Acte*

---

de Trévoux, dans notre département, avait sérieusement repris pouvoir et influence. Elle fut menacée, à cette époque, d'un terrible mouvement populaire que calmèrent certains officiers impé‐riaux influents, Barthélemy Bacheville, entre autres, qui avait accompagné Napoléon à l'île d'Elbe.

additionnel aux constitutions de l'Empire, qui con-
sacrait un certain nombre des libertés et des principes parlementaires et qui, dans un plébiscite très
restreint, fut accepté par treize cent mille citoyens
alors que quatre mille deux cents seulement protes-
tèrent contre son adoption.

Cependant, les souverains alliés, réunis au Congrès
de Vienne, avaient, le 25 mars, signé, dans cette capitale, un pacte par lequel ils s'engageaient à maintenir dans son intégrité le traité de Paris du 30 mai
1814 et à unir tous leurs efforts contre Napoléon
pour le maintien, ajoutaient-ils, de la paix générale.

Aussi, en vertu de ce pacte, l'Europe, tout entière
coalisée encore une fois contre la France, faisait-elle
des armements militaires considérables et ordonnait-
elle à ses bataillons de reprendre la route de la Belgique et de la Champagne.

Pour lutter contre l'étranger et contre l'invasion,
toute la France fut debout.

Grâce aux enrôlements volontaires, au rappel
d'anciens soldats sous les drapeaux, l'effectif, qui
était de 175.000 hommes, s'augmenta bientôt de
200.000.

Tous les hommes de vingt à quarante ans devaient,
en dehors de l'armée active, former 417 bataillons de
garde nationale mobile pour la défense des places
fortes et des frontières; tous ceux de quarante à
soixante devaient se grouper en 3.000 bataillons de
garde sédentaire pour la protection des villes et des
communes. Si on eût eu le temps et les moyens d'organiser toutes ces forces, c'était 2.300.000 soldats
que l'on pouvait opposer à l'étranger.

Tout ne put se faire, mais l'énergie de Napoléon et
l'enthousiasme populaire donnèrent néanmoins une

puissante impulsion au mouvement de défense nationale.

Tous sentaient que la patrie n'avait jamais couru de tels périls et que, au milieu d'une nouvelle invasion, l'indépendance française risquait de périr à jamais.

Une proclamation du gouverneur de la Prusse rhénane déclarant que le but des alliés était de démembrer la France, « de diviser cette terre impie », mit le comble à l'exaltation populaire et donna un élan semblable à celui de 1792.

Le gouverneur prussien, en effet, laissant entrevoir ce rêve qui, depuis des siècles, est dans l'âme de tous les Teutons du Nord, ce rêve qu'ils n'ont pas encore abdiqué et qui hante leur cerveau comme une monomanie sanglante, ajoutait que les souverains alliés s'empareraient des biens des Français pour les donner à leurs fidèles sujets et « qu'ainsi les princes « et les sujets allemands trouveraient, les uns des « vassaux, les autres des biens fertiles, dans ces « pays où les baïonnettes allemandes maintiendraient « une terreur salutaire ».

Envisagée ainsi, la prochaine invasion de 1815 devait donc, à tous les points de vue, être la reproduction de l'invasion des Barbares au ive siècle.

La guerre des Barbares recommençant, la France ·allait se préparer à défendre ses foyers et ses champs en même temps que son drapeau et son honneur.

Les citoyens qui, soit à cause de leur âge, soit à cause de leurs fonctions, n'étaient point appelés sous les drapeaux, se groupèrent, dans les divers départements, en fédérations pour lutter contre les envahisseurs. Le mouvement partit de la Bretagne et se répandit rapidement dans tout le reste du pays.

A Paris, les ouvriers des faubourgs Saint-Antoine

et Saint-Marceau suppliaient l'empereur de leur donner des armes.

Dans le Midi, d'autre part, le duc et la duchesse
d'Angoulême s'efforçaient d'organiser un mouvement
royaliste. Le duc réunit à Marseille et dans la vallée
méridionale du Rhône un certain nombre de partisans, qu'il divisa en deux colonnes dans le but d'enlever Lyon et Grenoble ; il comptait se rendre maître
aisément de ces deux villes que leurs garnisons
avaient abandonnées pour suivre l'Empereur lors de
son retour de l'île d'Elhe. Ses calculs et ses espéran-
ces furent déjouées grâce à l'énergie des populations
de nos départements de la région lyonnaise.

Tous ces départements, l'Isère, le Rhône, l'Ain
entre autres, formèrent de nombreuses compagnies
de volontaires qui se portèrent au-devant des troupes
du duc d'Angoulême.

L'empereur avait nommé Grouchy général en chef
avec l'ordre de lever toutes les gardes nationales du
Lyonnais, du Dauphiné et de la Bourgogne ; mais
Grouchy n'eut pas besoin d'intervenir : les compagnies de volontaires levées spontanément suffirent
pour arrêter le duc d'Angoulême.

Nous avons dit que ce dernier avait formé son armée en deux colonnes : la première fut repoussée
dans la région alpestre par les volontaires de l'Isère ;
la seconde, à la tête de laquelle se trouvait le duc en
personne, se heurta à Romans contre les volontaires
du Rhône et de l'Ain qui la culbutèrent, la mirent en
pleine déroute et amenèrent, dans cette défaite, l'arrestation du prince à Pont-Saint-Esprit. Le duc, fait
prisonnier, fut reconduit à la frontière sur l'ordre de
l'Empereur.

Les compagnies de volontaires de l'Ain avaient été
formées par des habitants de tout le département,

mais surtout par ceux du Bugey et en particulier par ceux des cantons de Poncin et d'Ambérieu.

« Les meilleures familles d'Ambérieu, d'Ambro-
« nay, de Saint-Jean-le-Vieux, de Douvres et d'ail-
« leurs y avaient des représentants... César Savarin,
« ancien officier des armées de la République, retiré
« depuis plusieurs années à St-Jean-le-Vieux, son
« pays natal, jouissait d'une grande popularité dans
« cette région. La légion des volontaires de l'Ain fut
« placée sous son commandement ». (1)

Le duc d'Angoulême prisonnier, la légion qui, quoi qu'en aient pu dire ses calomniateurs, ne commit aucun excès dans le pays, rentra dans ses foyers.

Le 11 avril, un bataillon de volontaires avait également quitté Gex, sous la conduite de Jacquemier de Gex, de Roche de Chevry, de Béatrix de Collonges, de Debons de Farges, pour rejoindre la légion commandée par Savarin ; mais, à Nantua, il apprit l'arrestation du duc d'Angoulême et, croyant désormais sa tâche inutile, rentra dans ses foyers. (2)

Le 22 avril 1814 Napoléon avait ordonné dans tous les départements frontières la création de corps francs.

Ces corps francs ne devaient avoir aucune solde, mais ils avaient droit aux vivres de campagne et « ce
« qu'ils prenaient sur l'ennemi était de bonne prise
« et à leur profit. Les canons, caissons et effets mili-
« taires étaient rachetés par l'Etat au prix des trois
« quarts de leur valeur. » (3).

---

(1) E. Tiersot. *La Restauration et les cours prévôtales dans le département de l'Ain.* Annales de la Société d'Emulation. Année 1885, p. 344.

(2) Voir Béatrix. *Histoire du Pays de Gex*, p. 534.

(3) Béatrix. *Histoire du Pays de Gex*, p. 535 et 536.

L'Etat leur payait en outre pour chaque prisonnier une prime qui variait, selon la valeur de la
prise, depuis 3o francs pour le simple soldat et
100 francs pour le lieutenant, jusqu'à 4.000 francs
pour un lieutenant-général.

Le retour de l'ancien régime en 1814, son spectre
oublié avant la chute de Napoléon et rappelé à tous
les esprits par la première année du règne de
Louis XVIII, avaient suffi pour réveiller les plus apa-
thiques, exalter tous les esprits, fait revivre dans
toutes les âmes la foi patriotique de 1792.

Aussi est-ce à ce sentiment essentiellement révolutionnaire que le baron Baude, préfet de l'Ain, n'hésita pas à faire appel.

« La Révolution reprend son ancienne direction,
« dit-il dans une proclamation à nos compatriotes.
« Jetez donc les yeux sur les hommes qui, dès 1789,
« se sont prononcés pour une sage liberté, qui ont
« voulu la réforme des abus, les institutions libérales
« et propres à garantir l'indépendance de la nation. »

De telles paroles devaient avoir un écho retentis-
sant dans le cœur des populations de la Bresse et du
Bugey.

Le 16 mai, à Bourg, sur l'avis d'une délégation
des fédérés de Lyon, reçue quelques jours après avec
le même enthousiasme à Trévoux, à Nantua, à Gex
et à Belley, une fédération locale se forma aux cris
de : « Vive la Nation ! Vive la Patrie ! Vive l'Empereur ! » sous la présidence du chevalier Bernard,
maire de la ville. (1)

(1) On le sait, l'Empereur refusa le secours des fédérations :
c'étaient des forces révolutionnaires et, malgré le danger de
l'heure présente, il entrevoyait là un danger pour son despotisme
futur. Bien que les fédérations déclarassent énergiquement que,

Plusieurs compagnies de corps francs s'organisèrent sur les différents points du département: dans
le Bugey, sous le commandement de Noblens et de
César Savarin ; à Gex et Ferney, sous celui de Terray (de Versoix), de Fournier, d'Albert (de Divonne);
dans la Bresse, sous celui de Puthod et de Morel. Le
2 juin, le maréchal Suchet plaça tous ces corps francs
de notre département sous les ordres de Joseph Béatrix, ancien capitaine des corps francs en 1814 et
adjoint municipal à Collonges, qui, à cette occasion,
fut nommé colonel.

Béatrix adressa à tous les maires un chaleureux
appel en vue des enrôlements volontaires. Beaucoup
de citoyens y répondirent. Dans le seul pays de Gex,
en effet, on put lever trois compagnies de grenadiers
et, dans l'arrondissement de Nantua, on put former
cinq compagnies fortes ensemble de 420 hommes.

Les maréchaux de camp Jeannet et Bouvier des
Eclaz organisèrent la défense.

Au fort de l'Ecluse on ajouta trois redoutes, l'une,
placée en avant, qui protégeait Collonges ; l'autre,
pratiquée dans le rocher, au-dessus du fort, là-même
où, en 1814, nos paysans s'étaient placés pour as-
saillir de pierres les Autrichiens; la troisième, en
face, adossée au mont du Wache.

« Le passage de la Faucille fut aussi fortifié ; une
« redoute fut établie à la gorge, au-dessus de Pailli.
« L'on planta partout de fortes palissades, et toutes
« les routes, tous les passages furent obstrués par
« des coupures et des abattis d'arbres. On fit avan-
« cer quelques bataillons de gardes nationaux des
« environs de Lyon et de l'Auvergne. » (1)

la guerre finie et la patrie sauvée, elles disparaîtraient, elles ne
purent vaincre les craintes de Napoléon Ier.

(1) J. Brossard, *Histoire du pays de Gex*, p. 502.

A ces derniers se joignirent nos corps francs.

De son côté, le commandant Garbé, qui avait repris son poste à Pierre-Châtel, ayant reçu une assez grande quantité de fusils, les fit distribuer dans les arrondissements de Belley et de Nantua. Il arma également les bataillons des retraités de l'Ain et les grenadiers de la Haute-Saône. Il devait organiser également deux compagnies de partisans, les armer, même leur offrir des canons ; mais ces compagnies ne purent recevoir qu'un commencement d'organisation.

Ainsi préparées, nos populations de la Bresse et du Bugey attendirent l'ennemi de pied ferme.

CHAPITRE VII

Le général Frimont entre en France par Genève à la tête d'un corps d'armée autrichien. Gex est occupé. — Les divisions Marassin et Dessaix défendent notre territoire. — Les corps francs. — Combats de Florimont, des Rousses, de la montagne de Farges. — Attaque du passage de la Faucille. — Combat du Pont du Lison. — Retraite sur Oyonnax, Nantua et Cerdon.

Le maréchal Suchet, duc d'Albuféra, avait été nommé par l'empereur commandant en chef de l'armée des Alpes.

Pendant ce temps, une armée de 60.000 Autrichiens, sous les ordres du général Frimont, franchissait le Simplon, traversait le Valais et arrivait sur les rives du Léman.

Nos soldats, malgré une disproportion de forces considérable, engagèrent plusieurs brillants combats d'avant-postes. Suchet, d'autre part, possédait sur le Rhône une belle ligne défensive appuyée sur les fortifications qu'il avait élevées au Mont-du-Chat, à Chanaz, au Molard-de-Vion, à Bellegarde, sur le fort Barreau au sud, sur le fort de l'Ecluse au nord. La division Dessaix occupait Genève et Thonon ; la division Marassin avait son quartier général à Collonges : des deux brigades de cette division, l'une, celle du général Bourcet, était à Gex et à Saint-Genis, l'autre, sous les ordres du général Guillet, tenait Nantua et Châtillon-de-Michaille. C'est cette dernière division du général Marassin qui reçut dans ses rangs les corps francs du département de l'Ain. Les troupes et les habitants étaient animés du plus grand enthousiasme et du plus héroïque patriotisme. On pouvait espérer dans l'Est une glorieuse campagne ; mais la nouvelle du désastre de Waterloo vint détruire tous ces moyens de résistance.

Le 26 juin, le général Frimont envahissait Genève et détachait immédiatement un corps d'armée pour attaquer le pays de Gex.

Le 27, Sacconex fut occupé par l'ennemi.

Marassin avait en face de lui des forces ennemies trop considérables pour tenir tout le Pays de Gex. Il envoya la brigade Bourcet défendre le passage de la Faucille avec les partisans du capitaine Fournier et du commandant Terray. Quant aux restes de ses forces, il les concentra à Châtillon-de-Michaille, tout en laissant le 2e bataillon de grenadiers de la Haute-Saône, quelques compagnies de chasseurs du Puy-de-Dôme et les corps francs de l'Ain pour défendre les abords du fort de l'Ecluse.

L'avant-garde autrichienne était à Saint-Jean, le

27 juin, elle envoya en avant une reconnaissance de chasseurs et de cavaliers. Le colonel Béatrix, le capitaine Beau et trente de leurs hommes de corps francs s'avancèrent contre l'ennemi vers le village de Farges. Le colonel Béatrix fit cacher sa troupe dans un petit bois et, quand les Autrichiens se furent avancés dans le village, il engagea le feu et fit charger l'ennemi par le capitaine Beau et quinze soldats. Les Autrichiens surpris se débandèrent et prirent la fuite à travers champs dans la direction de Chalex, laissant sur le terrain un mort, plusieurs blessés et deux prisonniers.

Le même jour, Marassin ordonna à deux compagnies de la Haute-Saône et aux retraités de Collonges de s'enfermer dans le fort de l'Ecluse et lui-même, avec le reste de ses troupes, les corps francs entre autres, occupa les chalets de Grobet et de Saint-Jean ainsi que la montagne de Farges pour couvrir le fort.

A Gex, l'émotion était fort vive. Les troupes françaises étaient cencentrées dans la ville et avaient préparé la défense ; mais, dans la nuit du 1er au 2 juillet, elles jugèrent prudent de battre en retraite vers la Faucille, dans la crainte que les Autrichiens, dont l'arrivée en nombre leur avait été signalée, ne parvinssent à tourner leurs positions et à leur couper la retraite vers la redoute du col, c'est-à-dire vers le point le plus important de la résistance.

Le 2, à 6 heures du matin, une foule compacte de soldats autrichiens s'abattit sur la ville et se prépara à gravir la montagne. Hussards et chasseurs, après avoir traversé Gex au pas de course, engagèrent une vive fusillade avec les avant-postes français sur la grande route, au-dessous de Florimont. La fusillade devint bientôt générale.

« Les Autrichiens montaient de toutes parts et

« cherchaient à atteindre les hauteurs ; mais partout
« ils trouvaient des gardes nationales ou des corps
« francs qui les recevaient à coups de fusil. Les ca-
« nons français de la redoute, chargés à mitraille,
« balayaient les routes et écartaient les assaillants ;
« c'est ainsi que se passa toute cette journée. » (1)

Cette attaque n'avait d'autre but que d'occuper
l'attention de nos troupes et de masquer un mouvement tournant des Autrichiens sur le village des
Rousses dans le but de nous surprendre par derrière
et d'enlever la redoute ; mais ce plan habilement
conçu ne réussit pas.

Le village des Rousses avait été fortifié par nos
officiers du génie et, quand les Autrichiens se présentèrent ils perdirent vainement quatre ou cinq cents
hommes pour enlever cette position. Ils furent repoussés et, pour se venger de cet échec, ils brûlèrent
une dizaine de maisons du village parce que, ayant
aperçu dans nos rangs quelques soldats sans unifor-
me, ils avaient supposé que c'étaient des habitants
des Rousses.

D'un autre côté, à la montagne de Farges, les Autrichiens ne réussissaient pas mieux dans leur attaque. Pendant plusieurs jours, le 1er juillet entre autres, ils renouvelèrent l'assaut, mais toujours ils furent repoussés avec pertes par nos corps francs, dont
le chef, le colonel Béatrix, reçut à cette occasion,
pour sa belle conduite, la croix de la Légion d'honneur.

Le 2 juillet, la division Dessaix, qui avait dû évacuer la Savoie devant les forces supérieures de l'ennemi, arriva à Châtillon-de-Michaille et remplaça
dans la ligne de défense, à côté de nos corps francs,

---

(1) J. Brossard, *Histoire du pays de Gex*, p. 504.

la division Marassin, qui s'était repliée sur Nantua et la vallée d'Oyonnax.

Jusqu'au 5 juillet, nos vaillants corps francs parvinrent à repousser les attaques réitérées et quotidiennes des Autrichiens ; mais, à partir de ce jour, la face des choses se modifia profondément.

Pendant que l'aile droite de l'armée autrichienne attaquait le village des Rousses, un corps d'armée de cinq à six mille hommes franchissait le Jura par le col Crozet et, arrivant à Châtillon par les vallées de Lélex et de Chézery, venait mettre le siège devant le fort de l'Ecluse.

Quant au général Frimont, il franchissait le Rhône à Bellegarde sur le pont de Lucey.

Aux Rousses, le poste français était enlevé et le général Beuret se replia pour défendre tant le passage que la redoute de la Faucille. Le général Beuret et les corps francs défendirent vigoureusement ces postes quand l'ennemi, qui continuait sa marche en avant, vint les attaquer ; mais les nôtres étaient peu nombreux et les Autrichiens disposaient de forces considérables. Aussi nos troupes durent-elles profiter de la nuit pour évacuer la Faucille et se retirer sur Saint-Claude.

Au pont du Lison, le général Beuret, soutenu par deux compagnies de volontaires bressans commandées par Puthod et Morel, tenta encore une résistance courageuse, mais inutile.

Les 5, 6 et 7, la canonnade se continua entre les corps francs et les Autrichiens ; mais les nôtres, écrasés par le nombre, durent encore reculer. Les habitants de Maillat s'étant joints aux nôtres pour défendre leurs foyers, l'ennemi victorieux, renouvelant son forfait de l'année précédente, mit une seconde fois le feu au village, furieux sans doute de ce que cette hé-

roïque résistance eût permis à notre artillerie de lui
échapper et de se retirer à Cerdon, en lieu sûr.

Beuret continua sa retraite sur Oyonnax ; à Nantua, les corps francs qui le suivaient rencontrèrent
ceux commandés par Béatrix. Les uns et les autres
furent envoyés à Maillat et suivirent le maréchal Suchet jusqu'à Roanne dans la Loire, d'où ils ne revinrent que la paix conclue.

Béatrix, en effet, le 6 juillet, après une énergique
résistance sur les flancs du Jura, avait dû, sur l'ordre
même du général Dessaix, devant les forces ennemies
qui menaçaient de l'envelopper, se replier sur Nantua. « Cette retraite s'exécuta avec audace. La petite
« troupe des partisans atteignit le village de Confort,
« au moment où les deux colonnes autrichiennes al-
« laient faire leur jonction, et gagna Nantua où elle
« arriva au grand étonnement de l'armée, qui était
« sur les bords du lac de Sylans et qui la croyait pri-
« sonnière. » (1)

Les nôtres chassés de la Faucille, 25,000 Autrichiens
occupèrent pendant trois jours le pays de Gex.
« Toutes les maisons isolées de la Maladière, du
« Pailli et du revers de la montagne furent pillées
« par l'ennemi. Beaucoup de bétail fut détruit, et les
« fromages des chalets presque tous enlevés.

« ... La vallée de Mijoux souffrit encore davan-
« tage, dès que les troupes alliées purent y pénétrer :
« un habitant de Cessy, qui s'était enrôlé dans les
« corps francs, ayant été pris, fut fusillé. Dès ce mo-
« ment, la ville de Gex fut écrasée par un passage
« continuel de troupes, d'artillerie et de baga-
« ges. » (2)

---

(1) Béatrix. *Histoire du Pays de Gex*, p. 511.
(2) Brossard. *Histoire du Pays de Gex*, p. 505.

CHAPITRE VIII

Défense du fort de l'Ecluse et du fort de Pierre-Châtel en 1815

Nous l'avons dit plus haut, le général Frimont était venu, après avoir franchi le Rhône, mettre le siège devant le fort de l'Ecluse. Une partie des troupes qui avait enlevé la Faucille, descendant par la vallée [de Lélex, vint le rejoindre.

Le vieux château-fort, qui remontait au xive siècle et qui, comme celui de Pierre-Châtel, servait à loger les vétérans et les prisonniers de guerre, avait été, en 1815, augmenté de trois fortifications, une redoute en Savoie sur le contre-fort nord du Mont-Wache, une autre sur le rocher du grand Mauregard du côté de Genève, enfin une tour crénelée sur le plateau supérieur.

La garnison avait des approvisionnements pour trois mois ; elle se composait d'un détachement de retraités du pays de Gex, commandé par le lieutenant Brigad (de Collonges), de quinze canonniers sous les ordres du capitaine Magdelaine, d'une compagnie de gardes nationaux mobilisés de la Haute-Saône. Un officier du génie, le lieutenant Guérin, en faisait également partie.

Le commandant du fort était un vieux soldat d'Espagne, le chef de bataillon Villetard de la Guérie : il ne ressemblait en rien à Lecamus de Coëntenfoë, qui, en 1814, avait livré le fort à l'ennemi.

La défense de 1815, malgré quelques défaillances regrettables, allait effacer la trahison de 1814.

Trois mille Autrichiens avec vingt bouches à feu étaient venus mettre le siège devant le fort.

Dans les premiers jours de juillet, une vingtaine de partisans éparpillés dans la montagne inquiétaient les bataillons autrichiens, mais ce n'était, certes pas, cette poignée d'hommes qui pouvait empêcher l'ennemi de dresser ses batteries devant le fort.

Il établit son quartier général dans le pré de la Grange et occupa le rocher de Chava-Rocha, qui dominait notre redoute du grand Mauregard.

Du côté de la Savoie, les nôtres avaient dû, devant la retraite de Dessaix, évacuer le Mont-Wache : les Autrichiens s'en emparèrent et, de là, purent dominer et bombarder le fort sans difficulté.

Le 5 juillet, les troupes autrichiennes, partagées en trois colonnes, atteignirent la redoute du grand Mauregard, qui était défendue par une compagnie de gardes nationaux mobilisés commandés par le capitaine Lélu et par douze canonniers sous les ordres du lieutenant du génie Gauthier. Il y eut un moment d'hésitation parmi les gardes nationaux, mais ils furent bientôt rassurés par le sang-froid des canonniers et se battirent comme de vieux soldats.

Les Autrichiens avançaient péniblement à travers les rochers et les broussailles, mais dès qu'ils entraient dans le sentier, qui conduisait au sommet du rocher, les deux pièces d'artillerie de la route faisaient feu et balayaient le chemin. Les abords de la redoute étaient jonchés de cadavres ennemis.

La fusillade durait depuis deux heures quand le commandant du fort fit une sortie et parvint à renouveler les provisions de la redoute. Néanmoins, les gargousses étant épuisées, les artilleurs enclouèrent leurs pièces et s'armèrent de fusils.

A huit heures du soir, le combat durait encore :

malheureusement, les nôtres ne pouvaient plus tirer que difficilement, leurs fusils étant encrassés.

Il fallut donc battre en retraite et abandonner la redoute : ils le firent en très bon ordre et rentrèrent dans le fort. Ils n'avaient perdu que cinq hommes, soit un tué et quatre blessés qui furent faits prisonniers. Les ennemis avaient vu tomber deux cent vingt des leurs.

Pendant toute cette même journée, les batteries autrichiennes avaient commencé le bombardement du fort.

Le soir, la redoute du grand Mauregard étant enlevée, l'ennemi envoya un parlementaire pour proposer une capitulation au commandant Villetard de la Guérie, qui la repoussa.

Le 6 au matin, les batteries autrichiennes élevées sur le Mont-Wache ouvrirent sur le fort un feu plongeant, auquel les nôtres ne purent répondre qu'en mettant leurs pièces à découvert sur la plate-forme, les embrasures du bâtiment ne permettant pas de tirer de bas en haut. — La batterie ennemie était à sept cent cinquante mètres.

Une centaine d'obus était déjà tombée sur le fort quand le feu prit aux fourrages et se communiqua à une partie du bâtiment. Une vingtaine de gardes nationaux effrayés se révoltèrent alors et vinrent croiser leurs baïonnettes sur la poitrine du commandant Villetard de la Guérie pour le forcer à capituler, ne voulant pas, disaient-ils, eux pères de famille, être brûlés vifs. Le commandant résista et fut délivré par le reste de la garnison de ces mutins qui se réfugiè-rent alors sous les blindages, où, le lendemain, la plupart furent écrasés.

Le 7, à la pointe du jour, le bombardement recommença. A sept heures du matin, l'ennemi avait réussi à incendier tout le bâtiment : la partie située sur la porte de Genève s'écroula subitement écrasant trente-deux des nôtres et ensevelissant deux de nos pièces de canon.

Le capitaine Magdelaine, qui essayait d'éteindre l'incendie, fut relevé de dessous les décombres griè-vement blessé par un éclat d'obus.

La lutte était devenue impossible ; le commandant Villetard de la Guérie fit hisser le drapeau blanc et, le feu de l'ennemi ayant aussitôt cessé, il monta dans les étages supérieurs pour réunir ses soldats. Mais à peine fut-il sorti du fort, que la petite garnison se rendit à discrétion.

Le commandant proposa alors au lieutenant Gau-thier et à ceux qui l'entouraient de s'échapper à tra-vers les lignes ennemies. Tous acceptèrent et cette petite troupe parvint à s'enfuir grâce à une échelle de corde que le commandant avait eu la précaution de faire établir dans les rochers qui dominent le fort. Tous ces braves, après deux jours et deux nuits de marche à travers les montagnes du Jura, purent re-joindre les avant-postes français à Champagnole. (1)

Au sud du département, Garbé avait repris le commandement du fort de Pierre-Châtel. L'argent manquant, le génie n'avait pu achever les travaux dé-fensifs de cette forteresse, que le commandant fit continuer par réquisitions. Quant à la garnison, elle se composait de cinq cent trente-trois hommes.

A la suite de la défaite de Waterloo, le maréchal Suchet ayant pu, grâce à un armistice conclu avec le comte de Bubna, général en chef des troupes autri-chiennes dans l'Est, faire repasser sans difficulté le

---

(1) Voir Brossard : *Histoire du pays de Gex*, p. 5o6, et sur-tout Béatrix : *Histoire du pays de Gex*, p. 549 à 554.

Rhône à ses troupes, Garbé alla le trouver, lors de
son passage à la Balme, et lui demanda des renforts :
« Je le trouvai très triste, dit Garbé ; il me répondit
« qu'un renfort serait inutile, attendu que sous peu
« de jours, tout serait terminé ». (1)

Le maréchal désespérait ; il n'en était pas de même
du capitaine qui était bien résolu à se défendre comme il l'avait fait en 1814.

Au milieu de la retraite générale des troupes de
Suchet sur la rive droite du Rhône, un détachement
du 4e d'artillerie légère, qui se trouvait à Bellegarde
avec cinq canons, n'ayant point de chevaux, embar-
qua ses pièces sur le fleuve et les amena à Pierre-
Châtel.

Garbé fit placer une compagnie sur la montagne des
Bancs, le premier siège lui ayant fait connaître que
c'était là le point vulnérable.

Le 5, ayant appris qu'un détachement de dragons
autrichiens était à Belley, il envoya à sa rencontre le
capitaine Mayot et quelques hommes. Cette petite
troupe s'embusqua sur la route de Seyssel.

« Le détachement ennemi, que certaines person-
« nes de Belley avaient peut-être, dans leur enthou-
« siasme pour les alliés, un peu trop fait boire, quitta
« la ville sans beaucoup d'ordre et se retira au grand
« galop. Il reçut en passant une décharge qui lui tua
« un homme et en blessa plusieurs ; on fit un officier
« prisonnier et on prit deux chevaux que le détache-
« ment ramena au fort. Le capitaine Mayot aurait pu
« leur faire plus de mal, mais il craignait de com-
« promettre la ville où était sa famille. » (2)

---

(2) Garbé. *Défense du fort Pierre-Châtel en 1814 et 1815*,
p. 104.
(1) Garbé. *Défense du fort de Pierre-Châtel, en 1814 et 1815*,
p. 107.

Le 12 juillet, Garbé conclut avec le commandant des troupes autrichiennes placées sur la rive gauche du Rhône un armistice, que justifiait et nécessitait même la suspension d'armes précédemment signée par le maréchal Suchet. La navigation du fleuve était absolument interdite aux deux parties contractantes.

Cette convention ne touchait en rien les troupes placées sur la rive droite du Rhône. Aussi, le jour même où elle était signée, un corps d'Autrichiens, après avoir réquisitionné une centaine de paysans avec leurs pelles et leurs pioches, vint occuper Virignin.

Au-devant de ce village une vive fusillade s'engagea promptement entre l'avant-garde autrichienne et un détachement placé sous les ordres du capitaine Mayot qui fit reculer l'ennemi.

Bientôt la lutte devint générale. Garbé était sorti du fort et avait disposé ses troupes dans d'excellentes positions, derrière des haies et des rochers, tandis que les Autrichiens devaient essuyer son feu à découvert. A neuf heures du soir, la nuit ayant empêché le tir de continuer, Garbé se retira dans le fort sans être inquiété.

L'ennemi avait vu tomber environ deux cents de ses soldats. Il mit à réquisition toutes les voitures de la région pour transporter ses nombreux blessés : quant à ses morts, le lendemain, c'est Garbé lui-même qui les fit enterrer. Nous eûmes seulement, de notre côté, six blessés et deux morts. Nous fîmes prisonniers un officier et douze soldats autrichiens.

Après avoir raconté simplement cette victoire, Garbé ajoute, ce que nous croyons sans peine, étant donné le résultat de la bataille : « La conduite et le « sang-froid des nôtres furent on ne peut plus di- « gnes d'éloges. »

La compagnie des vétérans s'était héroïquement battue malgré les soixante ans que portait chacun de ses membres.

Si le commandant autrichien avait attaqué nos postes avec tant d'énergie c'est que le général Frimont, qui était alors en pourparlers avec le maréchal Suchet pour conclure un armistice définitif, espérait en enlevant Pierre-Châtel imposer au duc d'Albuféra des conditions plus léonines. La vaillance des défenseurs du fort, on l'a vu, trompa ses calculs et en disposa autrement.

Le 13, Garbé fit faire une nouvelle reconnaissance du côté de Belley, mais l'ennemi n'y avait pas paru.

Le 14, un parlementaire lui apporta la nouvelle de la convention passée entre le général Frimont et le maréchal Suchet, convention qui abandonnait aux troupes autrichiennes Lyon et toute la région qu'elles avaient déjà occupée l'année précédente. Le parlementaire le sommait de rendre le fort, en ajoutant qu'il voulait « traiter en amis », et que « l'honneur « ne serait pas compromis, que les armes de part et « d'autre seraient respectées ».

Garbé refusa de livrer le fort, mais comme le général en chef avait conclu une convention qui le liait, il signa lui-même une nouvelle convention, en vertu de laquelle les troupes de Pierre-Châtel et les troupes autrichiennes occupant le Bugey gardaient les unes et les autres leurs situations respectives, s'engageant à ne faire aucun travail défensif ou offensif nouveau et à ne pas recevoir de renforts.

Le duc d'Albuféra approuva pleinement cette convention, mais le général Frimont la repoussa en prétextant que le commandant du fort de Pierre-Châtel était lié par celle consentie par son chef, le maréchal.

Garbé fait remarquer avec raison que, quelques

jours auparavant, le général autrichien avait lui-même violé la convention de Lyon en faisant attaquer le fort.

Néanmoins on dut s'en tenir à la convention du 12 juillet, un point excepté : la navigation du Rhône était de nouveau ouverte pour le commerce et pour les besoins journaliers des habitants.

Le 21 juillet, Garbé reçut du maréchal Jourdan, commandant la 6e division militaire, l'ordre de faire reconnaître l'autorité du roi à sa garnison et d'arborer le drapeau blanc sur le fort de Pierre-Châtel. Garbé réunit tous les siens et leur fit la navrante lecture de ces douloureuses nouvelles.

« Les soldats, raconte-t-il, écoutèrent, dans un
« morne silence, les ordres qui nous étaient trans-
« mis et la plupart d'entre eux laissèrent couler leurs
« larmes en voyant disparaître pour la seconde fois
« le drapeau qui les avait si souvent conduits à la
« victoire. La plupart de ces vétérans de nos armées
« avaient assisté à toutes les glorieuses batailles de
« la République et de l'Empire, et n'avaient été éloi-
« gnés du service actif que par l'âge ou les blessures.
« Plusieurs, retirés dans leurs foyers, avaient été
« portés par l'énergie de leur patriotisme à reprendre
« du service au milieu du danger commun ; d'autres
« enfin, plus jeunes et ne comptant qu'un petit nom-
« bre de campagnes, se voyaient enlever les espéran-
« ces qu'ils avaient conçues. Leur pénible émotion à
« tous se déguisa peu, je la partageai dans toute son
« étendue, et je dus faire effort sur moi-même pour
« en comprimer la manifestation. » (1)

Malgré les pressantes instances du commandant autrichien, qui invoquait même le nom du roi Louis

_____

(1) Garbé. *Défense du fort de Pierre-Châtel en 1814 et 1815*, p. 135 et 136.

XVIII, allié de l'empereur d'Autriche, Garbé refusa de livrer le fort à ce singulier ami de la France, et lui déclara que, même avec le drapeau blanc, il était prêt à soutenir un siège et à s'ensevelir sous les décombres et les ruines plutôt qu'à capituler.

Mais Garbé eut bientôt à lutter contre d'autres ennemis, le nouveau sous-préfet de Belley et les fonctionnaires royalistes qui dénoncèrent le fort de Pierre-Châtel comme un foyer d'intrigues bonapartistes. On envoya même au fort une nouvelle garnison placée sous les ordres d'un ancien sergent qui avait déserté devant l'ennemi et que les Bourbons avaient réintégré comme officier dans les rangs de l'armée.

Quant à Garbé, qui avait avec tant de vaillance défendu l'honneur et le drapeau de la patrie, il fut brutalement destitué et remplacé par un émigré, M. de Naze. On fit même à ce brave officier un stupide procès, sous prétexte que, pendant le siège, il avait détenu illégalement — ce qui était faux — un ancien chouan condamné à être enfermé dans le fort : ce procès se termina par le suicide de ce chouan, libre depuis quelque temps et qui crut que le préfet royaliste voulait le faire enfermer de nouveau.

Mais, malgré toutes les persécutions odieuses, dont il fut l'objet de la part des autorités royalistes, Garbé, avant de quitter le fort, eut la joie de voir ses anciens soldats et les habitants de Belley venir tous attester publiquement de sa loyauté et de sa bravoure.

Garbé avait tenu dans le fort alors que tout était fini depuis longtemps ; il était resté fidèle à la patrie au-delà de sa défaite irrémédiable.

Il fut un de ces hommes vaillants, à la foi révolutionnaire ardente, qui étaient si nombreux dans notre région que, au lendemain de Waterloo, le général Dessaix pouvait écrire au maréchal Suchet : « Les « suppôts du royalisme ont bien pu établir une Ven- « dée : si vous l'ordonnez, une *Lyonnaise* en faveur « de Napoléon II ou de la République sera de suite « levée ; le tocsin sonnera partout et la France sera « sauvée. »

CHAPITRE IX

La défaite de la patrie. — Le retour des Bour-
bons. — La terreur blanche. — L'occupation du
territoire.

La trahison de Grouchy avait perdu l'armée nationale : Napoléon avait vu, dans une lutte héroïque,
son armée décimée dans les plaines de Mont-Saint-
Jean.

Waterloo livrait la France à l'invasion étrangère.

Davout, le ministre de la guerre, malgré les pro-
testations de l'armée, capitula devant Blücher.

Tout était fini.

Les alliés n'osèrent pas réaliser le rêve hautement
manifesté par les généraux prussiens au début de la
guerre ; ils n'osèrent pas détruire la France et la partager en royaume de Neustrie, de Bourgogne, d'A-
quitaine, de Provence ; ils ramenèrent leurs fidèles
amis, les Bourbons, dépouillèrent nos musées, enle-
vèrent une indemnité de guerre de 1,200 millions et
imposèrent, à nos frais, pendant trois ans, l'entretien
de 150,000 soldats étrangers sur le territoire national.

Nos frontières, ils les diminuèrent encore, faisant partout des trouées pour faciliter les invasions de l'avenir.

Dans notre cher département, les communes de Châtelaine, Collex-Bossy, Versoix, Meyrin, Verny, Pragny et Sacconex furent détachées du pays de Gex et réunies à la République de Genève.

Avec les escadrons autrichiens, des sotnias de Cosaques avaient envahi notre département. Et partout ce n'étaient que réquisitions violentes et odieuses, réquisitions d'argent, de vêtements, de harnachements, etc...

Le cardinal Fesch, oncle de Napoléon, étant venu à Bourg et des cris de *Vive l'empereur !* ayant salué son passage, le général Frimont imposa la ville d'une amende de 60.000 francs qu'elle dut payer dans les vingt-quatre heures.

Et hussards autrichiens et cosaques russes, qui rançonnaient ainsi cyniquement nos populations, trouvaient de fidèles alliés et de dévoués auxiliaires dans les nouveaux fonctionnaires royalistes, que nous avait envoyés le gouvernement de Louis XVIII.

Le préfet du Martroy et ses acolytes inaugurèrent dans l'Ain ce qu'on a, avec raison, appelé la *Terreur blanche*, plus criminelle que celle de 1793 puisqu'elle se faisait sans l'excuse d'un patriotisme affolé, puisqu'elle se faisait par ceux-là même qui étaient les pires ennemis de la patrie.

« Louis XVIII, notre père, nous est rendu ! » disait le préfet du Martroy dans ses proclamations et au nom de ce roi, qui accordait « un généreux par- « don aux fautes des « Français », qui comblait le « pays de bienfaits », ce fonctionnaire faisait pour- suivre impitoyablement tous ceux qui, même de la façon la plus inoffensive, laissaient entrevoir leurs sentiments bonapartistes ou patriotiques.

C'était à qui parmi les fonctionnaires se montrerait le plus violent. Procureurs et sous-préfets rivali· saient de zèle et d'ardeur. Les prisons étaient trop étroites pour contenir tous ceux que la lâcheté et l'indignité des magistrats y envoyaient comme ennemis du roi.

Les magistrats ne jugeant pas cependant d'une façon assez impitoyable et assez rapide, le gouvernement royal établit dans chaque département une cour prévôtale composée d'un officier et de quatre juges décidant sans appel et sommairement. (1)

Tant que les Autrichiens occupèrent notre département, les royalistes n'osèrent point se livrer à toute leur rage persécutrice ; (2) mais, après leur départ, leur fureur ne connut plus de frein.

Ailleurs, au nom du roi, on fusillait Ney, Labédoyère, les frères Faucher ; on condamnait Lavalette à mort ; on assassinait le général Brune à Avignon et le général Ramel à Toulouse ; on égorgeait les protestants à Nîmes ; ici, on arrêtait tous les vaillants chefs de nos corps francs, qui s'étaient noblement battus pour la France, Perréal et Bouvier de Collonges, le frère du colonel Béatrix, Jacquemier de Gex. Le colonel Béatrix et son père purent s'enfuir en Suisse au moment où on allait les arrêter. Quant à Savarin de Jujurieux, celui qui avait conduit nos corps francs à Romans contre la troupe du comte d'Artois, il fut pris, jugé par un jury exceptionnel et exécuté à Bourg.

(1) Voir sur ces cours prévôtales dans l'Ain, l'excellent travail de M. Tiersot, *Annales de la Société d'Emulation de l'Ain*. Années 1883 et 1884.

(2) Béatrix, *Histoire du pays de Gex*, p. 555.

En mourant, ce héros et ce martyr en appela au
Peuple ; il proclama que toujours il avait servi sa patrie avec honneur et qu'il était victime d'une faction
qui avait juré sa perte.

Un peuple qui a de tels martyrs ne peut périr.

La France vaincue était envahie et ses envahisseurs
lui laissaient les Bourbons pour geôliers et pour
bourreaux ; c'était en vain, la France et la liberté ne
pouvaient périr ; la vérité était définitivement sortie
des cachots de la Bastille, les droits de l'homme
avaient été promulgués par la victoire, les soldats
plébéiens avaient foulé aux pieds les couronnes ! Ce
n'était pas en vain que deux millions de Français
étaient morts sur les champs de bataille depuis
Valmy et Jemmapes jusqu'à la Moskowa et à Mont-
Saint-Jean ! Ce n'était pas en vain que Vergniaud,
Danton, Saint-Just, Guadet étaient montés sur
l'échafaud !

1814 et 1815, deux bourrasques terribles qui me-
nacèrent d'engloutir la patrie ; mais le vaisseau de la
France a survécu à l'orage pour flotter encore avec
son glorieux drapeau. Après l'ouragan, le vaisseau
était désemparé : à ses flancs, les ennemis s'étaient
attachés pour partager plus facilement ses épaves, le
pilote lui-même — un des leurs — les leur livrait :
des Français eux-mêmes luttaient pour le faire couler ; le navire n'a pas sombré.

Tes flancs ! ô noble terre de France ! tes flancs
sont inépuisables ! De tes propres mains, tu t'es fait
les plus horribles blessures, tu as fait couler le plus
noble, le plus pur de ton sang et cependant tu as
toujours enfanté en une éternelle jeunesse !

Au XIIIᵉ siècle, tes enfants du nord se jettent sur
tes fils du midi, égorgent les Albigeois, étouffent
dans le sang et les flammes « la grande hérésie pro-

« vençale qui fut l'aînée des sociétés modernes » ; (1)
plus tard ce sont les guerres de religion au milieu
desquelles apparaît dans une sanglante auréole la
nuit de la Saint-Barthélemy ; c'est Louis XIV révo-
quant l'édit de Nantes, chassant de France l'élite du
commerce et de l'industrie qui va porter à l'étranger
les arts, la science, le génie, l'âme même de la patrie ; plus tard encore, c'est la Convention s'immolant
elle-même. Et cependant toujours la France, sur son
sol inépuisable, a fait germer de nouvelles gloires, a
reconquis une nouvelle jeunesse. Jamais elle ne se
relèvera, disaient les alliés en 1814 et, un an après, elle
balançait dans les champs de Waterloo la fortune et
les destinées de l'Europe ! Jamais elle ne se relèvera,
répétaient-ils, après ce nouveau désastre et, dès
1820, elle menait le monde avec ses poètes Lamar-
tine, Musset, Hugo, avec ses écrivains comme Châ-
teaubriand, avec ses orateurs Foy, Manuel, Royer-
Collard ; en 1827, son drapeau flottait triomphant à
Navarin ; en 1830, à Alger ; en 1832, sur la citadelle
d'Anvers.

Jamais la France ne se relèvera, répétaient ses ennemis après les lugubres désastres de 1870, suite
fatale des folies de l'Empire, et, la cicatrice encore
ouverte, la plaie encore saignante, la République re-
constituait les forces nationales, étonnait l'Europe à
sa grande fête industrielle de 1878 et promenait
triomphalement les trois couleurs à Tunis, au Ton-
kin, à Madagascar.

La jalousie et l'envie de ses rivaux ne prévaudront
jamais contre elle.

La France, la terre des droits de l'homme, tenant

_____

(1) Jarrin. *La Bresse et le Bugey*, A. I., p. 277 et 278.

haut le flambeau de la civilisation, marchera toujours à la tête des nations dans la voie du progrès vers l'idéal suprême de justice, de liberté, d'égalité et de fraternité.

ALEXANDRE BÉRARD.

APPENDICE

NOTE ÉCRITE PAR GARBÉ
SUR LA DÉFENSE DES BALMETTES

J'appris, le 15 mars 1814, que le Duc de Castiglione opérait sa retraite sur Lyon, que le général
Marchant se retirait sur Chambéry et que l'ennemi
était rentré dans Bourg, avait passé l'Ain, s'était
porté sur Ambérieu, et qu'il se préparait à marcher
sur Belley par St-Rambert. M. le Sous-Préfet, en
m'annonçant ces fâcheuses nouvelles, me prévenait
en même temps que les gardes nationaux de son arrondissement étaient dans les meilleures dispositions,
mais qu'il faudrait quelques troupes de ligne pour les
guider.

Quoique je n'eusse qu'une très faible garnison, je
n'hésitai pas à faire partir sur-le-champ cinquante
hommes du 32e qui *était* l'élite de ma garnison, avec
ordre au commandant de s'emparer, s'il en était
temps encore, du poste important des Balmettes,
près de Torcieu, et de réunir le plus qu'il pourrait de
gardes nationaux.

Le lieutenant Durbec, qui commandait ce détachement, trouva, à son arrivée à St-Rambert, la garde
nationale disposée à le seconder, et alla prendre position aux Balmettes.

Le 17 mars, l'ennemi attaqua ce poste, mais il fut
repoussé avec perte. Le 21, je fis partir le capitaine
Balthazar, adjudant de place, pour prendre le com-

mandement du détachement du 32e et de la garde nationale. Je l'engageais en même temps à réunir sur sa route le plus de gardes nationaux qu'il pourrait et de les mener avec lui à St-Rambert.

A son arrivée, il apprit que le poste des Balmettes était attaqué ; il se porta aussitôt sur le terrain avec tout ce qu'il avait pu rassembler de gardes nationaux qui s'y trouvaient. L'ennemi fut battu et repoussé jusque vers Ambérieu. Dans cette occasion, la garde nationale commandée par M. Juvanon montra un courage et un sang-froid dignes de militaires expérimentés. Elle sut, par son intrépidité, préserver du pillage la ville de St-Rambert. Et c'est un témoignage que je me plais à lui rendre ainsi qu'à son digne chef. Mais malheureusement les événements ont rendu ces efforts inutiles. Informé, dans la nuit du 22 au 23 que Lyon s'était rendu et que des colonnes ennemies se portaient sur Belley, j'envoyai immédiatement ordre à M. Balthazar de rentrer au fort avec son détachement. Il y arriva le 23 au soir.

Pendant six jours que ce détachement était resté dans les gorges de St-Rambert, il n'avait eu à regretter, malgré des combats presque quotidiens, qu'un blessé et un prisonnier. On m'a assuré plus tard que les Autrichiens, au nombre de plus de 1200 hommes, en avaient eu plus de cent hors de combat. On n'en serait point surpris si on voyait la position qu'occupèrent nos troupes.

UN PAYSAN D'AMBRONAY

Les anciens d'Ambronay ont conservé le souvenir d'un curieux incident qu'ils m'ont rapporté : l'audace d'un de nos paysans en cette guerre de tirailleurs. Je laisse la note telle que l'a rédigée un de mes bons amis de la cité, ayant connu le héros alors qu'il était d'un âge très avancé :

Brasard, dit Coco, exerçait à Ambronay la profession de perruquier. Ayant beaucoup voyagé, il baragouinait plusieurs langues étrangères, avantage d'ailleurs dont il sut tirer bon profit. Il montra en maintes circonstances de grandes ressources d'esprit.

Autre Figaro, il avait dans son sac plus d'un tour que lui eût envié le héros de Beaumarchais.

Lorsqu'en 1814, il vit les Autrichiens et les Cosaques envahissant le sol de sa petite patrie d'Ambronay, il fut saisi d'une sainte colère. Il essaya de soulever la population de la ville contre l'envahisseur. Revêtu des habits du garde-champêtre, coiffé d'un képi, armé d'un vieux sabre et d'un pistolet, il parcourt les différentes rues, entraîne après lui un certain nombre de citoyens, descend dans les prés situés en-dessous de la ville, se dresse fièrement en face des Autrichiens et des cosaques, campés non loin de là. Puis s'adressant aux bons patriotes qui l'avaient suivi : « Eh ! quoi ! leur dit-il, laisserez-vous ces ennemis de la France envahir le territoire d'Ambronay sans avoir tenté de les repousser ».

A la vue de cet homme ainsi équipé et qui semblait les braver, Autrichiens et Cosaques déchargent sur lui des coups de fusil en se mettant à sa poursuite. Que faire contre tant de corbeaux acharnés ? Il trouve bon de prendre la fuite et de se cacher dans un fossé, non sans avoir pris soin de se débarrasser de son pistolet. On le saisit, on lui demande sa profession, comment il se trouve ainsi armé devant le camp ennemi ?

Après ce court interrogatoire, peu satisfaits des réponses de Coco, les Autrichiens le conduisirent devant le maire de la ville. Celui-ci désavoua la conduite de Brasard, et le livra à la vengeance de ses ennemis. Il fut conduit les mains ligotées derrière le dos jusqu'à Ambérieu. En arrivant au village de Tiret, les gardes de Brasard trouvèrent quelques-uns de leurs compagnons d'armes en train de vider, par de copieuses rasades, un tonneau de vin. Altérés par la marche, les gardes de Coco profitèrent de cette bonne aubaine et se livrèrent à d'abondantes libations. Sous l'influence capiteuse du vin, officiers et soldats ne tardèrent pas à rouler par terre et à dormir du profond sommeil des ivrognes. Coco, lui, bien qu'invité à prendre part à cette orgie, n'avait tâté du vin que du bout des lèvres. Puis, feignant l'ivresse, il se coucha par terre. Deux Autrichiens ou Cosaques étaient étendus ivres-morts sur ses deux jambes. Peu après, il se dégage doucement et prend de la poudre d'escampette. Il gagne les collines voisines, se réfugie dans un grangeon et se blottit dans la paille. Nos ivrognes, à leur réveil, s'aperçoivent que leur prisonnier n'est plus là. On fouille toutes les maisons, mais sans succès. On rentre à Ambronay, où les recherches ne furent pas plus heureuses. Sur ces entrefaites, on apprenait que l'armistice avait été signé, Brasard, l'heureux Coco, était sauvé.

L'OCCUPATION DE BOURG
En 1814 et 1815

Au moment où l'imprimeur allait mettre sous presse le manuscrit de la première édition de cette étude, M. Brossard, archiviste du département de l'Ain et de la ville de Bourg, a eu l'amabilité de me signaler, dans les archives de la ville, une liasse de documents où j'ai puisé une série de renseignements utiles pour l'histoire de cette douloureuse époque de 1814 et 1815.

J'ai noté d'abord un court résumé des événements de 1814 et de 1815 — une feuille seule — écrite à l'époque.

Il en résulte que du 10 mars 1814 à la nuit du 12 au 13, la brigade Bardet empêcha les Autrichiens d'entrer dans la ville de Bourg. Le résumé ajoute :

Le dimanche 13 mars au matin les Cosaques sont rentrés. L'armée étrangère a occupé la ville jusqu'au 12 juillet 1814.

Le résumé parle de Cosaques : il y avait donc certainement des cavaliers russes dans l'armée qui envahissait le département. L'auteur du résumé n'a pas écrit ce mot à la légère, car il avait d'abord écrit *la troupe autrichienne*, puis il a rayé ces mots pour mettre *les Cosaques*.

Le même résumé se termine ainsi :

Occupation de 1815 : entrée des troupes étrangères le 8 juillet ; évacuation le 19 décembre 1815.

* * *

On a souvent exprimé des doutes sur le point de savoir si la ville de Bourg avait été pillée par les alliés en 1814 : nous-même l'avons indiqué dans une note de notre opuscule.

Or, il résulte des pièces trouvées aux archives municipales que la ville fut pillée par « cavaliers autrichiens et russes » dans la nuit du 13 au 14 mars 1814. Il reste 83 réclamations d'habitants victimes du pillage demandant à la commune une indemnité.

Les alliés prirent tout, l'argent, les bijoux, les vêtements, escaladèrent les murs, brisèrent les portes et les meubles : ce fut un pillage en règle.

Des 83 réclamations, nous en retiendrons deux.

Une dame Marguerite Fillon, veuve d'un médecin du même nom, de Volland, écrit :

L'exposante fut dépouillée de tout ce qu'elle possédait. Ce qui était de nature à ne pouvoir être enlevé fut absolument brisé et détruit.

L'autre réclamation est d'un sieur Carabasse, architecte, qui commence ainsi sa plainte :

A 8 heures du soir, un nombre de soldats perfides escalada le mur de clôture du jardin, s'introduisit ensuite dans la maison, où le sieur Carabasse était pour lors seul, il fut pris au collet, traîné dans sa chambre et fouillé — on lui prit pour lors dix billets en or, deux écus de six livres, et une pièce de quarante sols — toutes les portes en général de l'intérieur de la maison furent ensuite ouvertes, de gré ou de force, ils se chargèrent pour lors de tout ce qui leur convenait. Arriva ensuite une seconde bande plus forte que la première. Carabasse fut traîné déshabillé et fouillé, une troisième bande fit la même cérémonie des premiers et seconds. Je me trouvais pour lors presque anéanti et ils continuèrent leur brigandage.

Et Carabasse raconte en détail le pillage de sa maison, les portes et les placards brisés, le vin volé, les vêtements soustraits, etc...

Une pièce des archives vient encore préciser l'exactitude du fait du pillage : *c'est un état des effets pillés aux habitants de Boury par les troupes des puissances alliées du 11 janvier au 11 juin 1814.*

Cet état ne comprend que les effets pillés, tels que meubles, linges et maisons incendiées, est-il écrit en tête.

C'est le relevé des pertes éprouvées par cinquante-deux propriétaires, y compris Carabasse, qui tous ont vu leurs demeures pillées dans la nuit du 13 au 14 mars 1814.

La valeur totale des objets pillés s'élève à 43.308 fr. 54.

Le compte indique avec un soin parfait les objets pillés et leur valeur, et ce pour chaque propriétaire.

A titre de curiosité, nous relèverons un de ces comptes : c'est celui d'un lieutenant-colonel, Granjean, officier de la Légion d'honneur :

Un huilier en argent évalué	240 fr.
4 douzaines de chemises d'hommes	500 »
2 douzaines et demie de chemises de femmes .	300 »
19 robes en soie, basin, indienne, mousseline, perkale	800 »
Dentelles et voiles	1.700 »
12 jupons de dessous garnis	240 »
10 corsets de nuit garnis	100 »
18 nappes	150 »
6 douzaines de serviettes	150 »
24 draps	300 »
2 habits dont un bleu	200 »
4 pantalons	100 »
12 gilets basins ou petits piqués uniformes . .	72 »
3 douzaines de cravates	150 »
3 douzaines de mouchoirs de poche	200 »
1 douzaine de bonnets de coton	36 »
6 paires de rideaux de fenêtre en coton et perkale	300 »
1 lit blanc garni	300 »
Une couverture de catalogne	60 »
Une bourse contenant en or et argent . . .	400 »
Une croix d'officier de la Légion d'honneur .	120 »
Total . . .	6.718 fr.

Les autres comptes sont analogues et tous sont

datés du 26 octobre 1814, jour où probablement ils
ont été arrêtés. (1)

On voit bien par eux que ce n'est point le fait de
quelques pillards isolés, mais bien un pillage en
règle.

Bourg a donc bien été pillé en 1814. (2)

Du reste, il résulte de nombreuses pièces conser-
vées aux archives que, pendant toute la durée de l'occupation, soit en 1814, soit en 1815, les habitants ne
cessèrent de se plaindre des déprédations causées
chez eux par les Autrichiens, des quantités de vivres
et de fourrages gaspillées par eux. Beaucoup, ruinés
par ces soldats étrangers, allèguent leur misère, leur
âge, ou leur infirmité pour demander à être dispen-
sés de les loger.

Une Commission avait été nommée par le Maire
pour « le nivellement des rôles des réquisitions et
« dépenses de guerre. »

Lors de l'occupation de 1815, les vexations et les
excès des soldats autrichiens furent tels que, le 6 novembre de cette année, le préfet du Martroy dut
écrire au Maire de la ville pour l'inviter à faire connaître les plaintes des habitants :

Les soldats autrichiens, dit-il, forment continuellement
des demandes exagérées et font éprouver toutes sortes de
mauvais traitements à ceux des habitants qui refusent d'y
accéder. Déjà la tranquillité publique a été plusieurs fois

---

(1) Le compte de Carabasse relate les bijoux volés à sa sœur et
à ses deux nièces, les vêtements volés à sa domestique.

(2) Presque tous, sinon tous, les citoyens dont nous avons relevé les comptes comme ayant été pillés, habitaient les faubourgs
du Jura, de Lyon et de Mâcon. Seuls les faubourgs ont-ils été pillés ? Peut-être. D'autre part, M. Jarrin écrit dans son livre :
Grandeur et décadence de la Bourgeoisie de Montbeney,
p. 128 : « Les Allemands firent preuve de discipline ; il n'en fut
« pas de même de cent cinquante Cosaques qui leur servaient
« d'éclaireurs. » Peut-être aussi les Cosaques seuls se sont-ils
rendus coupables du crime de pillage ; mais nous en doutons.

troublée, et plusieurs bourgeois ont été victimes de la brutalité des militaires autrichiens.

Il ajoute qu'il signalera les coupables au colonel du régiment et au général de Frimont et demandera leur châtiment.

Pour en revenir à 1814, nous voulons signaler trois documents qui feront connaître les mœurs des occupants et leur sans façon à l'égard des citoyens bressans.

Le premier est une lettre adressée, le 20 avril 1814, par le Préfet au Maire de la ville. Le voici :

Monsieur,

En vertu d'un ordre qui vient de lui être transmis par M. le baron de Mesczéri, général de brigade de Sa Majesté l'Empereur d'Autriche, je vous invite à faire fournir de suite par l'un des trois pharmaciens de cette ville, que vous inviterez, les drogues et préparations médicamenteuses exprimées dans la note ci-jointe, et destinées au traitement des malades du 3ᵉ bataillon de Landwehr.

A l'avenir, et sur la demande de M. de Goers, médecin en chef de la brigade, vous délivrerez également des réquisitions sur les autres pharmaciens tour à tour, afin d'éviter qu'aucun d'eux ne fasse des avances disproportionnées à ses moyens.

Recevez, etc... SIRAND.

Le second document est relatif aux dépenses publiques nécessitées par l'occupation.

Le 22 avril 1814, le Conseil municipal de Bourg avait voté un emprunt extraordinaire « pour subvenir « au payement des frais de table des officiers des « troupes des puissances alliées et autres dépenses. »

Voici le compte de ces dépenses :

Frais de table des officiers	1.423 fr.
Réquisitions de voitures	1.440 »
Gratification au commandant de la place . .	800 »
Fourniture d'un cachet au même.	72 »
Cocardes pour les troupes	316 50

Drogues et médicaments 22 40
Déblai de la voûte du Cône 44 50
Remises du receveur à 4 o/o 84 40

Total . . . 4.202 80

L'emprunt avait produit 4.220 fr.

Enfin, le troisième est le suivant qui n'a pas besoin de commentaires :

Vu les plaintes fondées faites par les six canonniers logés en garnison chez M. de Lacottière sur le peu de nourriture qui leur est fourni par leur hôte ; vu le plat de viande qui nous a été représenté pour leur avoir été servi pour le dîner de six, après avoir reconnu l'insuffisance de ce mets ;

Le conseiller municipal de service à la mairie ordonne à M. de Lacottière de se conformer au règlement publié pour la nourriture des troupes des hautes puissances alliées et de fournir par jour aux six canonniers logés chez lui six livres de viande cuite, la soupe pour six, un plat de légumes pour six, six bouteilles de vin, et un morceau de fromage et du vin à leur déjeuner.

A défaut, par M. de Lacottière, de se conformer au présent, il y sera pourvu à ses frais par le moyen d'un aubergiste qui portera les vivres convenables chez M. de Lacottière.

Bourg, le 3 mai 1814.

CABUCHET.

Ce M. de Lacottière, qui, malgré son titre nobiliaire, paraît si peu sympathique aux alliés du roi, est, me dit-on, celui dont mon ami M. Jarrin, dans l'un deses livres, raconte ce qui suit, d'après le récit d'un témoin oculaire : C'était un royaliste fervent ; le jour de l'entrée des alliés dans la ville, paré d'un superbe manteau, que la saison rendait très utile, il était dans la rue ; au passage des soldats étrangers, il cria : « Vivent nos alliés ! » Un Cosaque qui, ne comprenant pas le français, ne pouvait saisir ce que ce cri avait de flatteur pour lui, mais qui voyait très bien que le manteau était superbe, saisit le dit manteau par sa boucle avec sa lance et traîna pendant

une centaine de mètres son propriétaire dans la
boue. (1)

---

(1) *Grandeur et décadence de la Bourgeoisie de Montbeney,*
par Ch. Jarrin, p. 128 et 129. Authier et Barbier éditeurs. Bourg,
1884.

Dans ce même livre, — livre très intéressant, — M. Jarrin
donne un extrait du *Journal de l'Ain* du 20 avril 1814, n° 32.
Nous avons le numéro sous les yeux. Voici l'article :

« *Bourg 19 avril.* — MM. les officiers de la division de cavalerie de la brigade de M. le général Mezzezery, arrivés hier dans
notre ville, ont donné le même jour, à l'hôtel de la Préfecture,
une fête aux dames de Bourg. Rien de plus brillant et de mieux
ordonné. Ces messieurs, leur général présent, en ont fait les honneurs avec une politesse, une attention, une grâce achevées. Le
beau sexe, que le bruit des armes avait fait fuir, a joui du plaisir
de la danse pour la première fois depuis un an. Wals, contre-
danses, écossaises, anglaises, se sont succédées tour à tour ; un
officier a exécuté la *cosaque* avec des bottes éperonnées, et s'est
fait admirer par sa légèreté et sa précision dans les pas les plus
difficiles. La musique, tirée des différents corps autrichiens, était
excellente et nombreuse.

« A minuit, colation aux dames qui ont été servies par MM. les
officiers. La beauté et l'élégance des dames, l'urbanité de MM. les
officiers, une musique d'harmonie exécutée dans une salle voisine
tout a contribué à donner au banquet un charme indicible. Pendant un moment le silence a régné. Inspiré par l'aurore des
beaux jours, combien il était expressif ! le vrai bonheur est cal-
me, mais le cœur est expansif, et d'un mouvement spontané on
s'est écrié : *Vive Louis XVIII ! Vive le Père de la France !*
La douce voix des dames, mariée à la voix mâle des guerriers, a
formé un accord parfait, qui, renouvelé avec enthousiasme, a dé-
licieusement affecté les âmes.

« Les toasts aux Puissances alliées, à l'Empereur d'Autriche en
particulier, au prince de Schwarzenberg, à M. le général Mezzezery, ont été portés avec ordre au milieu de nombreuses libations,
au son d'une musique guerrière et avec une joie et une ardeur
inexprimables.

« MM. les officiers ont porté la santé aux dames de Bourg qui
ont daigné embellir leur fête ; et les dames ont rendu cette santé
avec la grâce et l'aménité qui caractérisent le sexe.

« Les dames ont été reconduites à la salle de danse aux cris
mille fois répétés : *Vive le Roi ! Vivent les Puissances alliées !
Vivent la Paix et l'Union des Nations !*

« Nous ne parlerons point des cavaliers qui ont pris ensuite
place au banquet. L'affaire a été plus chaude, plus soutenue, plus
bruyante. Nos acclamations chéries se sont fait entendre pendant
toute la nuit, et rien ne saurait égaler le regret de s'être séparé,
que le désir de se revoir. »

Et ce même jour, 20 avril, à l'aurore de ce bal odieux tant

On comprend après cela que le zèle de M. de Lacottière pour les alliés fût considérablement diminué
et qu'il fallut l'intervention du conseiller Cabuchet
pour l'obliger à donner à ses hôtes la ration de vin
et de légumes nécessaire pour alimenter leurs esto-
macs.

*
* *

En 1815, voici par quel billet retrouvé aux archives fut annoncée la rentrée des troupes alliées :

Chalamont, 15 juillet 1815.

*Monsieur l'Intendant de l'Armée autrichienne
à M. le Maire de la ville de Bourg.*

Monsieur,

Je vous préviens qu'un corps de 30.000 hommes et 6.000
chevaux arrivera demain matin 16 juillet à Bourg et de
faire préparer le logement à MM. les Officiers (toute la
troupe sera campée), vous donnerez le boire nécessaire pour
le camp.

(La signature est illisible).

Durant cette seconde occupation, les agents du
gouvernement royaliste rivalisèrent de brutalité avec
les alliés à l'égard de la ville. Qu'on en juge !

Le 8 août 1815, le préfet baron du Martroy écrit
au maire de Bourg pour faire envoyer d'urgence à
l'ambulance des médicaments qu^ réclame l'intendant, le comte de Carziani, et transmet l'ordre de ce
dernier que voici :

Monsieur le Maire de Bourg,

Vous ferez avoir, dans l'espace de trois jours, les articles
contenus dans la pièce alléguée au directeur des hôpitaux

chanté par la feuille royaliste, Napoléon faisait ses adieux à la
garde à Fontainebleau ?

d'ici sans délai, ni réplique, sous peine d'une exécution très grave pour la ville.

Vous m'informerez sur le champ de l'accomplissement de cet ordre.

Bourg-en-Bresse, le 8 août 1815.

Par ordre du Gouvernement,

Le Comte de CARZIANI, *intendant.*

Qui se douterait que c'est un fonctionnaire français qui parle en ces termes à des citoyens français ?

Vraiment ne dirait-on pas que c'est un colonel autrichien ou un hetmann de cosaques qui a écrit ces lignes ?

Du reste, voici un second échantillon de la prose de cet intendant ; c'est une autre lettre adressée au maire de Bourg.

Monsieur le Maire,

Comme l'hôpital d'ici, qui doit contenir 1000 personnes, est trop gêné dans les emplacements, où il se trouve maintenant, vous ferez évacuer incessamment l'église déjà plusieurs fois demandée par la direction des hôpitaux, pour mettre les malades moins à l'étroit ce qui même devient nécessaire à raison de la santé des habitants de la ville.

Comme le commandant en outre me demande *quatre cents chemises et cent cinquante paires de souliers*, vous les lui ferez avoir en deux fois en vingt-quatre heures, sous peine d'amende, et vous aurez soin que le linge de l'hôpital soit lavé aux frais de la ville.

Pour tout ceci, vous vous mettrez en communication avec le commandant de l'hôpital et vous viendrez m'en faire les rapports tous les matins sur la manière prompte et suffisante de mettre cet ordre irrévocable en exécution

Bourg-en-Bresse, le 10 août 1815.

Par ordre du Gouvernement,

Le Comte de CARZIANI,

intendant.

Pour montrer ce que coûta à la ville de Bourg l'entretien des troupes étrangères, sans compter les dépenses faites par les particuliers, nous résumerons deux pièces :

L'une est un état des dépenses extraordinaires faites du 11 janvier au 12 juin 1814 *pour nourriture entière aux officiers et pour expédient de vivres aux militaires*, et ce compte ne comprend pas les dépenses faites pour « les généraux, leur suite et les « chefs d'administration, dont la dépense de nourri- « ture a été acquittée par les fonds des frais de table « fournis par les personnes les plus aisées de la « ville ».

Le 11 janvier, il est arrivé à Bourg 12.000 hommes, qui ont séjourné trois jours et ont été nourris par l'habitant, les magasins militaires n'étant pas encore établis.

Militaires étrangers	Leurs grades	Journées de logem.	Prix par jour de la nour.	Journées de logem.
12	Colonels	3	30 fr.	1.080
12	Majors ou chefs de bat.	13	6	576
12	Chirurgiens-majors	3	8	288
12	Aides-majors	3	5	180
12	Aumôniers	3	5	180
24	Adjudants	3	5	360
72	Capitaines	3	8	1.728
72	Lieutenants	3	5	1.080
72	Sous-lieutenants	3	5	1.080
72	Sergents-majors	3	5	1.080
72	Fourriers	3	5	1.080
12 000	Soldats	3	1	36 000

Total pour les journées des 11, 12 et 13 janvier, fr. 44.712

Du 14 janvier au 7 février, il ne reste à Bourg que 8.000 hommes et la journée du soldat est abaissée à 0 fr. 60 cent. parce qu'il reçoit des vivres des magasins, à l'exception du vin.

Pour ce laps de temps, la dépense totale est de 57.838 francs.

Du 8 au 19 février, il n'y a plus dans la ville que 4.000 hommes et la dépense tombe à 10.840 francs.

Le 19 février, à six heures du soir, la division du général Musnier, forte de 6.000 hommes, débusque les Autrichiens de Bourg. Elle séjourne à Bourg jusqu'au 27 et coûte d'entretien à la ville 17.388 francs.

Les troupes françaises restent jusqu'au 13 mars, où les alliés s'emparent à nouveau de la ville pour ne la quitter que le 12 juin.

Le chiffre total de la dépense faite par Bourg pour les armées soit françaises, soit étrangères, qui occupèrent la ville du 11 janvier au 12 juin s'élève à 214,375 francs.

Le second document est la pièce ci-jointe qui est « le relevé exact des rations données à Bourg aux « troupes alliées du 11 au 31 janvier 1814 » :

14,307 rations de pain à 7 hect. 1/2.

8,102 rations de viande à 1/2 kil.

17,683 rations de foin à 10 livres, soit en quintaux, 1,768,30.

6,232 rations de paille à 10 livres, soit en quintaux, 623,20.

25,187 rations d'avoine à 8 litres 1/2, soit en doubles-décalitres, 10,704,9 1/2.

Ce qui fait en deniers, le prix de la ration de pain ayant été fixé à 17 c. 1/2 et celui des grains étant de 4 fr. le double-décalitre de froment, 2,512,47 1/2.

Sur les 8,102 livres de viande, 986 ont coûté 0,40, soit 394 fr. 40, et 7,116 livres 0 fr. 30, soit 2,134 fr. 80, ce qui fait un total de 2,529 fr. 40.

Les 1,768 quintaux et 30 livres de foin à 4 fr. le quintal, 7,073 fr. 20.

Les 623 quintaux et 20 livres de paille à 2 fr. 50 le quintal, 1,558 fr.

Les 10,704 doubles-décalitres 9 litres 1/2 d'avoine à 1 fr. le double-décalitre, 16,704,47 1/2.

Ce qui fait un total général de 24,377 fr. 35.

Il faut ajouter :

13 janvier : payé une malle pour le comte de Bubna à la dame Villard ; 15 fr.

13 janvier : payé à Rauger, traiteur, pour la table de l'état-major du comte de Bubna : 300 fr.

Du 11 janvier au 6 février, pour couvertes données aux officiers alliés : 5,710 fr.

3 février : payé à Milliandon pour fournitures de viande : 1,123 fr. 70.

Soit un total général de 7,148 fr. 70.

Sur cela, 1,000 fr. ont été payés par l'Etat, 6,148 fr. 70 sont sortis de la caisse municipale.

* * *

Nous avons également dans les archives municipales de Bourg l'état des dépenses extraordinaires occasionnées aux habitants de la Ville pour excédents de vivres donnés aux soldats alliés, les généraux et chefs d'administration exceptés, du 5 juillet 1815 au 19 décembre de la même année, jour de l'évacuation définitive.

Ce compte, arrêté le 14 octobre 1816 par le maire de Bourg, Durand, est double : il comprend d'abord les dépenses faites pour les aliments — la journée du soldat étant estimée à 0 fr. 30 — et ce premier chapitre atteint la somme de 317,553 fr. 60 ; le second chapitre vise diverses dépenses telles que ferrures de chevaux, frais d'hôpitaux, etc., et porte sur une somme de 20,383 fr. 37. C'est donc une somme totale de 337,936 fr. 97.

Un autre état daté du 16 février 1816 nous fait savoir que la Ville a en outre payé depuis le 8 juillet 1815 une somme de 3,898 fr. 10 pour les dépenses occasionnées par l'occupation des troupes étrangères.

Les Bressans payaient cher l'occupation autrichienne, mais, par contre, ils étaient sans cesse en butte à des vexations de toute nature. Un jour — le 13 août 1815 — le gouverneur général d'Ellevaux, qui représentait le roi, obligeait leur maire à donner à la garnison étrangère toutes les vingt-quatre heures,

alternativement, du vin et de l'eau-de-vie ; un autre
— le 3 novembre 1815 — le sous-préfet, Louquet de
Blossac, remplaçant le préfet en tournée, les oblige à
accepter les monnaies autrichiennes au taux fixé à
Lyon, le 2 septembre précédent, par le baron de Frimont.

Du reste, les fonctionnaires royalistes sont trop
zélés à molester les habitants au profit des soldats
autrichiens et pour leur plaire. Ainsi, le 4 novembre
1815, le maire ayant fait connaître les doléances des
habitants, le préfet du Martroy constate que les habitants sont épuisés et n'ont plus de bois de chauffage
par suite du cantonnement depuis quatre mois du
régiment du prince de Hohenlohe-Bartenstein ; ordonne en conséquence au maire de faire tous les
cinq jours des distributions de combustibles aux habitants chez lesquels sont logés les soldats de ce régiment — « à raison du nombre d'hommes établis
« dans chaque logement et d'une ration par homme
« et par jour ».

Sous une autre forme c'était toujours les habitants
qui payaient.

Ajoutez à cela les passages de troupes qui, de
temps à autre, venaient augmenter les frais de nos
pauvres aïeux et vous aurez une idée de la triste situation de la cité.

Ainsi, le 7 décembre 1815, le Ministre secrétaire
d'Etat de la guerre, le duc de Feltre, écrit au préfet
de l'Ain pour lui dire que, le 12, les troupes autrichiennes traverseront le département pour aller à
Belfort : il n'indique pas le nombre, mais il dit au
préfet de se renseigner « afin d'être en mesure de se
« pourvoir, en ce qui le concerne, à la subsistance
« des hommes et des chevaux, lors de leur passage
« dans son arrondissement. Ecrire, ajoute-t-il, aux

« maires des communes sur la ligne d'étapes, d'entre-
« tenir la bonne intelligence entre leurs administrés
« et ces militaires étrangers afin d'éviter toutes rixes
« pendant leur passage ». Il l'invite enfin à lui faire
connaître le nombre des troupes alliées qui auront
ainsi *filé* par le département.

*
* *

Une dernière pièce : c'est la décision du Conseil
municipal relative à la taxe extraordinaire de 60.000
francs imposée, en 1815, par les Autrichiens à la
cité, malgré les supplications du maire qui, d'après
un brouillon, que nous avons sous les yeux, faisait
remarquer au chef étranger que « les habitants du
,« département de l'Ain étaient doux et faciles à ad-
« ministrer », qu'ils méritaient donc quelques égards
et que, d'autre part, cette « contribution était bien
« plus difficile à donner que les contributions en na-
« ture, l'argent étant rare, puisque l'exportation des
« grains, seul moyen de s'en procurer, n'existait pas,
« par suite de l'absence de commerce et de débouché
« depuis deux ans ».

Le Conseil municipal de la ville de Bourg.

Vu la lettre de M. le gouverneur général Roochmanne du
31 juillet 1815, par laquelle il persiste à exiger la réquisition de la somme de 60,000 francs, sous les peines d'exécution militaire et d'enlèvement d'otages pris parmi les citoyens de la ville, si dans les deux heures cette somme n'est
pas remplie ;

Invite et au besoin requiert tous les citoyens appelés à
concourir à l'emprunt de la somme de 60,000 francs et qui
ont reçu une réquisition à cet effet, d'en faire le versement
sur le champ entre les mains de M. Martin, receveur de la
ville.

Invite également tous les citoyens sans exception à ver-
ser, à titre d'emprunt, entre les mains du dit receveur, les
sommes dont ils pourront disposer, afin d'éviter à la ville
les exécutions militaires.

Il compte sur le dévouement des habitants de la ville et

leur rappelle que si, dans les six heures, la somme n'est pas remplie, leur cité sera exposée aux exécutions les plus rigoureuses, qui pèseraient indistinctement sur tous les citoyens.

Fait en conseil général et extraordinairement assemblé le 1er août 1815.

Signé : les membres du Conseil.

Par extrait conforme. Signé :

Le Chevalier Bernard.

Publié le dit jour, GUILLOT.

Tels étaient les alliés des Bourbons. Malheur aux hommes qui appellent l'invasion sur le sol de la patrie !

SUR LES COMBATS DE 1815

Mon regretté ami, le baron Raverat, dans ses excellents livres sur le Bugey, — livres excellents pour l'historien comme pour le touriste, — a raconté, d'après son père, divers incidents des combats livrés en 1815 dans notre département.

Voici en quels termes il raconte le passage du pont de Lucey par les troupes du maréchal Suchet :

Le pont de Lucey, dit-il, n'était jadis qu'un mauvais pont de bois dont le tablier s'appuyait sur les rochers verticaux.

En 1815, à l'époque où une partie de l'armée des Alpes battait en retraite et se repliait derrière le Rhône, le pont de Lucey fut le théâtre d'une vigoureuse escarmouche entre la 10e légion de l'Isère, commandée par mon père, et un corps d'armée ennemi. Le baron Raverat avait reçu du maréchal Suchet l'ordre d'escorter, jusqu'à Lyon, un convoi d'artillerie ; or, les canons et les fourgons ne pouvaient passer qu'un à un sur le pont ; et l'ennemi nous talonnait.

Raverat embusquant ses hommes sur la rive droite du fleuve, parvint, à l'aide d'une fusillade bien nourrie, à contenir l'ennemi assez longtemps pour que le convoi pût passer. Le pont fut ensuite abattu, et nos soldats purent gagner de l'avance pendant que l'ennemi s'occupait à rétablir le passage. (1)

Après avoir traversé le pont de Lucey, Raverat et sa légion séjournèrent à Châtillon-de-Michaille, mais ils durent battre en retraite devant des forces de beaucoup supérieures et s'engager dans la vallée de Nantua.

Le 5 juillet, Raverat s'arrêta au village de Neyrolles, ne garda avec lui que deux pièces d'artillerie et, dans la crainte que les Autrichiens ne s'emparassent de Nantua pour lui fermer le défilé, il dirige de suite le reste de ses troupes sur Cerdon.

Ravevat se fortifia avec une poignée d'hommes aux Neyrolles, creusa un fossé, abattit les peupliers pour barrer la route.

Le 6 juillet, raconte son fils, les Autrichiens ayant appris la reddition du fort de l'Écluse, résolurent de forcer le défilé des Neyrolles. Nos troupes se défendirent vaillamment contre un ennemi bien supérieur en nombre. Embusqués sur les escarpements et derrière la redoute, notre légion entendait la canonnade qui retentissait du côté d'Oyonnax et du côté de Sylans. Passant par-dessus la tête de nos hommes, les boulets allaient tuer des soldats du train et des soldats de la brigade Meynardier. On transportait à l'ambulance de Nantua de nombreux blessés ; tout le long du chemin, ces braves, oubliant leurs souffrances, faisaient entendre les cris de : *Vive l'Empereur !*

Sur la fin de cette journée, le général Meynardier, forcé de battre en retraite, ayant envoyé au commandant baron Raverat l'ordre de quitter sa position, notre légion se mit en marche au milieu de la nuit, laissant les feux allumés, elle rétrograda lentement, traversa Nantua, et rejoignit au point du jour la brigade Meynardier et le convoi qui avait pris position en arrière du pont de Maillat. (2)

(1) *Le Bugey. De Lyon à Genève*, p. 161 et 162 (Meton, libraire. Lyon, 1878.)

(2) Le baron Raverat. *Les Vallées du Bugey*, t. II, p. 426 et 427. Lyon, 1867.

Et plus loin, Raverat ajoute :

Depuis les Neyrolles, où l'on avait contenu les Autrichiens, notre convoi d'artillerie avait réussi à traverser Nantua et à gagner un peu d'avance. Cependant, arrivé en face de Maillat, il allait être atteint par l'ennemi. Les habitants prirent les armes pour défendre leurs foyers ; le baron Raverat fit barricader le pont, et disposa ses hommes soit dans les maisons, soit derrière les arbres de la rive gauche de l'Oignin. La défense fut assez longue pour donner au convoi le temps de filer ; puis, vers le milieu de la nuit, la légion reprit en bon ordre sa marche sur Cerdon. Mais, trompés dans leur espoir de s'emparer de l'artillerie, les ennemis se vengèrent cruellement sur les habitants ; ils mirent le feu au village et le ravagèrent de fond en comble. La flamme éclaira pendant plusieurs jours la marche de l'armée autrichienne ; cette exécution martiale jeta l'épouvante parmi tous les villageois qui eussent été tentés de suivre l'exemple de Mailliat. (1)

Les incendies de Maillat éclairaient d'une façon sinistre les bals royalistes de Bourg ; ils complétaient la fête ; c'étaient les feux de joie des envahisseurs et de tous ces royalistes, émigrés de Coblentz, qui chantaient des *Te Deum* au lendemain de Waterloo, de ces royalistes qui avaient à jamais renié la patrie française !

Les royalistes l'avaient voulu, l'idée de la Révolution était désormais inébranlablement unie à celle de la France, les Bourbons n'étaient et ne pouvaient être que les humbles serviteurs de la Patrie.

ALEXANDRE BÉRARD.

FIN

(1) *Les Vallées du Bugey*, t. II, p. 442 et 443.

BOURG. IMP. DU COURRIER DE L'AIN.

118

.